JN439426

가오리연鳶

현 대 수 필 가 1 0 0 인 선 · 10

가오리연鳶

고임순 수필선

좋은수필사

■ 책머리에

수필은 누구나 부담 없이 읽고, 마음만 먹으면 직접 쓸 수도 있는 가장 친근한 문학이다. 다른 영역의 문학이 영상매체에 밀려 신음하고 있는 중에도 수필 인구만은 날로 증가하여 바야흐로 수필 전성시대를 구가하고 있는 이유도 거기에 있을 것이다.

시대적 추세에 힘입어 수많은 수필전문지, 수필동인지가 창간되고, 이에 비례하여 신진 수필가도 날로 늘어나다 보니 이제는 그 많은 작가, 그 많은 작품 중에서 문학성 높은 작품을 가려 읽는 일이 쉽지 않게 되었다. 이런 현상은 작가에게나 독자에게나 결코 바람직한 일이 아니다. 더 나아가서는 수필을 연구하는 후세들에게도 큰 부담이 될 것이다.

이런 문제를 해결하는 데는 출판인도 마땅히 한몫을 감당해야 한다는 평소의 소신에 따라, 본사가 기꺼이 그 역할을 맡기로 했다. 그 첫 번째 사업으로 시대를 대표할 만한 수필가 100인을 선정하고, 작가가 자선한 40편 내외의 작품을 수록한 문고본을 발간하여 이를 널리 보급함으로써 그 소임을 다하고자 한다.

본사는 사명감을 가지고 이 사업을 추진해 나가기로 했다. 작가 선정을 전담할 편집위원회를 구성하고 전권을 위임하여 일체의 사적인 정실이나 청탁을 배제함으로써 전문성과 공

정성을 확보해 나갈 것이다.

따라서 이 기획물 속에는 작가의 문학정신뿐만 아니라, 본사의 문학사적 기여 의지와 편집위원 제위의 수필문학에 대한 애정과 문인으로서의 양심이 함께 담겨 있음을 자부한다. 다만, 작가를 선정하는 기준에는 많은 견해의 차이가 있을 수 있고, 선정 과정에서도 미처 챙기지 못한 부분이 있을 것이라는 사실만은 인정하지 않을 수 없다. 이 점에 대해서는 관계자 여러분의 양해 있으시기 바란다.

이 시리즈의 발간 순서는 작가, 또는 본사의 사정에 의한 것일 뿐 그 밖의 어떤 기준도 적용하지 않았음을 밝힌다.

본 기획물이 시대를 초월한 많은 수필 애호가들의 관심과 애정 속에 우리나라 수필문학 발전에 한 이정표가 되기를 바랄 뿐이다.

2007년 10월

좋은수필 발행인 서 정 환

현대수필가 100인선 간행 편집위원 박 재 식 최 병 호

정 진 권 강 호 형

변 해 명

1_부

2_부

3_부

4_부

1부

빨래

와이셔츠, 속옷, 손수건, 양말들을 말끔히 새것으로 갈아입고 남편은 출근을 한다. 뒤따라 등교하는 아이들도 모두 새옷으로 갈아입혀 내보내고 나면 빈집에는 요술바구니처럼 불어난 빨래 바구니와 나만이 덩그러니 남는다.

따사로운 아침 햇살을 등에 지고 베갯잇과 홑이불을 뜯으며 아예 오늘은 날씨도 좋아 빨래하는 날로 정해 버린다.

창가의 바구니에는 어제까지의 때와 먼지로 얼룩진 역사가 무늬져 흩어져 있다. 나는 이 옷들에서 어제의 일기를 읽는다. 눈으로 읽고 코로 맡는다. 남편의 와이셔츠 칼라의 때 묻은 땀 냄새에서 고된 하루의 일과를 더듬어 보며 소매 끝에서 나는 갈비 냄새로 어젯밤 중학 동창 모임의 회식 메뉴를 떠올린다.

한창 개구쟁이인 막내의 바지 엉덩이가 흙투성이가 되고 또

구멍이 나 있다. 그렇게 주의를 시켰는데도 하루 종일 미끄럼틀에 매달린 모양이다.

누구하고 싸웠을까. 아니면 피곤해서 코피를 흘렸을까. 큰아들 T셔츠 목 언저리에 피가 묻어 있어 섬뜩 놀란다. 미처 몰랐던 내 무관심을 조용히 뉘우쳐 본다. 이렇게 더러운 빨래 속에 아직도 하루는 더 입어도 될 깨끗한 블라우스와 속치마, 양말등은 중학에 들어가더니 갑자기 결벽증에 걸린 딸애의 옷들이다.

수도꼭지를 튼다. 대야에 가루비누를 풀어 저으면 솜사탕처럼 흰 거품이 부풀고 그 속에 빨래를 담그고 문지르면 어제의 일기는 말끔히 지워지고 잊어 버렸던 옛날이야기처럼 하수구로 흘러가 버린다.

지금까지 나는 식구들의 속옷은 항상 내 손으로 빨았다. 은밀한 일기를 남이 훔쳐보는 것 같아 불쾌하기 때문이다. 세 아이를 키우면서도 기저귀는 꼭 내 손으로 빨았는데 기저귀에 묻은 대소변의 빛깔과 농도로 매일의 건강을 검토하면서 적절하게 음식 조절을 했다.

이러한 내 정성은 그대로 약이 되고 영양소가 되어 아이들은 무럭무럭 건강하게 자라 주었다. 아이에게 젖을 물리는 것이 어머니의 특권처럼 빨래하는 특권도 남에게 빼앗기기 싫었기 때문에 나는 빨래하기를 좋아했다.

어제까지의 얼룩진 때를 말끔히 씻으며 내일을 그리는 백지를 창조해 내는 이 즐거움, 맑은 물에 여러 번 헹군 빨래를 꼭 짜서 햇볕에 널면 푸른 하늘 아래 새로운 여백으로 내일은 열리고, 제각기 또 여기에 무엇을 그릴 것인가 호기심이 우러난다. 바람에 팔랑이는 빨래를 보니 대자연 속의 빨래터의 낭만이 그리워진다.

유년의 강가 빨래터에서 나는 어머니 옆에 앉아 부지런히 인형 옷을 빨고 내 빨간 양말도 벗어 빨았다. 조가비 같은 손으로 어른 흉을 내 '쉿쉿' 하고 어깨를 들먹이며 헹구다가 그만 서툴러 양말 한 짝을 떠내려 버렸다. 저걸 어쩌나, 양말짝은 돌멩이에 걸리면서 물줄기를 따라 춤추듯 흘러가는 게 아닌가. 나는 물끄러미 바라보다가 나머지 한 짝도 떠내려 보내 버렸다.

저 양말은 흘러흘러 강으로 가고 바다로 가겠지. 망망대해에 떠 있을 내 빨간 양말. 그럼 나는 바다를 딛고 서는 것이 된다. 통쾌했다. 어머니한테 방망이로 종아리를 얻어맞았지만 아프지 않았다. 이제 벌칙으로 자갈밭에 널린 빨래를 간수해야 한다. 하늘과 바람과 돌들의 세계, 그 속에 존재하는 점 하나인 나, 무릎을 세우고 그 위에 두 손을 깍지 끼고 턱을 받치고 앉아서 눈을 실처럼 가늘게 뜨고 하늘의 구름을 바라보았다. 저 구름은 어디로 흘러갈까. 어느 물 위에 떠 있을 내 양말을 바라보고 있겠지. 시원한 강바람을 마시며 나는 꿈나라를 소요하는 것이다.

이제는 다시 찾기 힘든 그 곳이지만, 빨래를 할 때마다 이렇게 때 묻지 않았던 어린 시절이 사뭇 그리워 그때나 지금이나 변함없는 하늘을 다시 한번 쳐다본다. 어린 시절로 돌아간다는 것은 가는 세월을 뒷걸음쳐 처음 꿈을 꾸던 그날로 다시 되돌아간 듯 새로움을 안겨 주며 청량제를 마시는 기분과도 같다.

어느 날 남편은 내 수고를 덜어 주기 위해 전기세탁기를 들여다 주었지만 이것만큼은 싫어 바로 물려 버렸다. 돌아가는 그 소리가 싫은 것이다. 내 지난날의 꿈을 갈아 뭉개는 것 같았기 때문이다. 빨래만큼은 네모진 욕실의 공간에서나마 창틈으로 보이는 하늘에서 꿈을 찾으며 내 손으로 문지르고 싶다. 손을 적시는 수돗물의 촉감에서 시냇물을 되살리며 날이 갈수록 누적되는 마음의 때도 함께 씻어내 버리고 싶다. 마치도 하나님 앞에 참회하면서 기도하고 지은 죄를 씻어내 버리는 것처럼…….

그래서 언제나 빨래된 마음을 빨래된 옷으로 감싸고 새롭게 살아가고 싶은 것이다.

(1977)

自號의 변

'진안珍岸' 이것은 지금까지 쓰고 있는 내 호號다. 내가 쓴 붓글씨에는 반드시 이 두 글자가 내 이름 위에 얹혀 있다. 언제나 가장 경건한 마음으로 쓰는 글자이다.

나는 한 작품을 완성하고 나면 이 두 글자를 바라보면서 서예에 대한 태도를 반성한다. 뿐만 아니라 가정생활, 문학강의, 봉사활동, 신앙생활 등 인생을 구성하는 모든 것들에 대한 자신의 태도를 엄정하게 점검하기도 한다.

내가 이 호를 얻게 된 유래를 더듬는다면 아득히 먼 옛날로 돌아간다. 선친께서 서화에 조예가 깊으셨기 때문에 어릴 때부터 많은 고서화를 접하면서 자랐다. 그래서 막연하게 예술가로서의 꿈을 꾸곤 했는데 가장 큰 소망은 문학가가 되는 것이었다.

중학교 3학년으로 막 올라간 어느 봄철이었다고 생각되는데 하루는 꿈을 꾸었다. 한 폭의 신선도 속에서 튀어나온 것 같은 머리와 수염이 온통 하얀 선인이 나타나더니 '내가 네 이름을 지어 줄 것이다.' 했다. 고개를 들지 못하고 숨을 죽이고 있는 내 눈앞에 그 노선은 흰 옷자락 너머 펼쳐진 백사장 위에 지팡이 끝으로 '珍砂'라고 쓰는 것이 아닌가. 꿈을 깼으나 이 두 글자가 뇌리에 화인火印처럼 박혀 지워지지가 않았다.

다음날 학교에 나가 바로 칠판에 크게 '珍砂'라고 써서 선생님과 친구들에게 소개했더니 담임선생님께서 하늘이 주신 귀한 이름이니 평생 호로 사용하라고 일러주셨다. 그 후 시나 수필을 쓸 때 꼭 이 호를 이름 대신 사용했다. 결혼한 후에도 나 혼자만의 세계에서 이 이름은 꾸준히 이어져 갔다.

이렇게 그늘에서 가꾸어 온 호가 세상에 선을 뵌 것은 30대에 서예전시회를 열고서부터이다. 서투른 대로 작품을 완성하고 수줍게 진사珍砂라고 이름 위에 써서 낙관을 마친 후 난생 처음 전시했을 때의 가슴 설레던 감동은 지금도 잊을 수가 없다. 이 호를 가지고 거의 10년을 서書의 길에 정진하고 있는데 어느 날 사사하던 해정海丁 스승께서 모래 사砂자를 언덕 안岸자로 바꾸어 주셨다. 알알이 흩어지는 모래를 한 덩어리의 바위 같은 언덕으로 크고 힘차게 밀고 나가라는 것이다. 그래서 진안珍岸이라는 호를 오늘날까지 사용하고 있다.

'珍岸' 나는 이 두 글자 중 특히 안岸을 사랑한다. 진珍자도 누구나 원하는 소망의 표현으로 보배스러운 귀중한 글자이지만 안岸은 나만이 간직한 이미지가 있기 때문이다.

안岸을 들여다보고 있으면 깨끗하고 하얀 모래밭이 펼쳐지고 그 옆으로 파란 강이 천년을 흐르면서 그 위에 높푸른 하늘이 아스라하다. 하얀 모래밭, 파란 물, 아스라한 하늘, 그것은 바로 꿈속의 내 고향이 아닌가.

나는 여기서 참으로 완벽한 조화를 본다. 그것은 고전주의의 모습이다. 그리고 모래밭은 언제나 깨끗함으로써 자신을 닦아 완성하고 강물은 끊임없이 흘러 바다에 이르게 되므로 쉼 없는 전진을 의미하고 하늘은 언제나 높고 넓어서 포근하고 안전하게 자신을 감싸주고 있음을 발견하게 된다.

나는 하찮은 인생이나마 이렇게 아름다운 호로서 목표를 높이 잡고 비록 성취한 것은 없으나 오늘날까지 흐트러지지 않는 삶을 통하여 자신을 완성하겠다는 일념으로 살아왔다.

그런데 나는 언제부터인지 우리 한글 서예에서 멋을 발견하는 기쁨을 누려 왔다. 훈민정음의 고체의 한글은 대륙적인 예서의 획으로 힘이 있어 우리 조상의 얼이 살아 숨쉬고 있는 것이다. 이러한 한글 서체의 아름다움은 외국에 갔을 때 더욱 느꼈으며 나로서는 참다운 발견이었다. 그래서 고대가요, 고시조, 성구 등을 고체로 써 보았다.

그런데 한글 글씨에는 한자 호가 어울리지 않아서 순 우리말로 된 한글 호를 하나 가지고 싶었다. 고전주의적 인생관과 자기완성의 일념, 그것을 나타낼 수 있는 우리말은 없을까 하고 궁리하기 시작했다. 나는 열심히 고전과 고어사전을 뒤적이다 보니 바라던 한글 호를 찾기에 이르렀다. 고전주의를 뜻할 말로는 '예', 자기완성을 나타낸 말로는 '온'이 있었다. 그래서 이 두 글자의 결합인 '예온'을 자호로 삼은 것이다. 자계自戒하는 뜻에서 어쭙잖으나 시조 한 수를 지어 보았다.

예다운 물 언덕[1] 즈믄 해를 흐른 물
그 안에 끝없어라 온하렬 한마음
예온아, 네 한 삶을 이 뜻으로 이루어라.

(1979)

1) 崔世珍의 『訓蒙字會』를 보면 岸字가 '물언덕 안'으로 풀이되어 있다.

墨意

우수가 지나고 따사로운 햇살이 창문으로 비치는 아침, 춘란에 물을 주니 문득 난 잎을 치고 싶어 문갑 위에 쓰다 남은 먹 조각들에 눈길이 머문다. 바늘 하나 실오라기 하나도 버리지 못하는 내 성미가 하물며 20년 가까이 먹을 가는 생활에서 나와 함께 닳아서 남은 분신 조각들을 어떻게 버릴 수 있으랴.

내 정성으로 닳아빠진 먹 조각이 까만 윤기를 내고 희귀한 골동품처럼 빛을 내고 있다. 조그만 삼각, 사각으로 축소된 먹 조각들을 소중한 보석 다루듯이 매만져 본다. 마음이 부정하면 먹도 비틀어진다 하여 반듯하게 갈려고 애썼는데도 끝에 와서는 조금씩 비틀어지고 말았다. 마음을 바르게 가지려는 노력이 좀 부족했던 모양이다.

먹의 불가사의는 살아 움직이는 생명체로서의 존재에 있다.

빛깔도 점점 조금씩 변해 간다. 가벼울수록 양질이어서 처음 새것을 갈 때는 소리가 난다. 먹이 아직 철이 없어서이다. 중간쯤 와서는 무엇인가 인생을 관조한 달관의 경지에 들어서며 오묘한 먹빛으로 변한다. 더 세월을 불사르며 점점 작은 모습으로 최후를 알릴 때쯤은 무어라 형용키 어려운 숭고하고 아름다운 백발노인처럼 승화하는 것이다.

나는 손바닥 위에 먹 조각을 올려놓고 흘러가 버린 시간 속에 용해되어 닳아버린 먹의 원형을 더듬어 본다. 그러나 그냥 사라져 무가 된 것이 아니고 글씨의 형태로 유를 남기고 있다. 흰 화선지 위에 칠흑 같은 생생한 의지로 살아서 안방 병풍 속에서, 거실 현판 속에서, 이층 벽의 액자 속에서.

먹은 닳아 없어지면서 이렇게 뚜렷한 흔적을 남기는데 나는 흐르는 세월 속에 무엇으로 남을 것인가 하고 생각해본다.

사람들은 흔히들 아들딸 잘 키워 장성해서 훌륭하게 성공하면 마치 자기의 희생으로 얻은 대가라고 착각들을 하고 있다. 크나큰 오산이다. 인간이란 신의 창조물이다. 아들딸들은 하늘이 주신 또 하나의 생명체로 나와 함께 시간 속에 용해되어 가는 인간일 뿐이다.

'생생유전生生流轉'

생각해 보면 이 세상의 모든 것이 흘러가고 있다. 무로 돌아가는 과정이다. 산에서 강으로 바다로 물이 흐르듯 세월도 흐르며 이렇게 보이지 않고 흐르는 시간 속에 자각 증상 없이

나도 쉬지 않고 닮아빠지고 있는 것이다.

그러나 무의식중에 흘러가 버리고 있다는 것은 쉬운 일이지만 무의미하고 괴로운 일이 아닐 수 없다. 덧없이 흘러가 버리는 것이 아니고 자기의 의지로 힘차게 거슬러 올라가 헤엄쳐 나가고 싶다. 아무리 힘들고 어려워도 상류에도 가 보고 싶고, 낯선 나라와, 망망대해에도 나가 보고 싶다.

지난겨울 마닐라에 갔을 때의 일이다. 카누를 타고 잔잔한 강물 위를 가랑잎처럼 조용히 흘러가다가 박사안 폭포를 향해서는 거센 물결을 거슬러 올라갔다.

산산이 부서져 내리는 폭포수 안개로 뒤덮인 비경 속을 우리는 다시 통나무배로 갈아타고 들어갔다. 용솟음치는 여울목에 몸을 담그고 내리쏟아지는 폭포수 소나기를 머리 위로 뒤집어쓰니 그 감격은 다시 이 세상에 살아난 기분이었다.

이렇게 똑같이 유전할 바에는 어느 시기에서부터 자기 의지로 힘차게 인생을 거슬러 헤엄쳐 나가 버리면 어떨까. 사랑과 창조력과 인내력을 다해 성실하게 신념을 가지고 자기 일생을 헤엄쳐 나갈 때 그 곳에 새로운 세계가 열리고 나의 흔적은 어떠한 형태로라도 남을 것이다.

인생의 흐름은 짧다. 나그네 인생길의 신비는 묵흔墨痕처럼 순간순간 성실하게 시간을 쌓아올린다면 무엇을 하든 결승점에 도달하여 흔적을 남길 수 있다고 확신하고 싶다.

(1980)

흑백색, 그 妙

눈이 내린다. 어둠이 짙어지면서 눈빛은 더욱 새하얗게 바랜다. 솜털 같은 가벼움으로 흩날리는가 하면 춤추듯, 뿌리듯, 안개꽃처럼 퍼지던 세설이 점점 굵은 눈발이 되어 쏟아진다.

바람이 잔 고요한 밤. 고요하기에 한층 흰 빛의 움직임이 선명하다. 사람의 눈으로 좇을 수 없는 깊고 넓은 우주 공간을 누비는 무수한 점멸이 얽히고 섞여 흑백 무늬의 비단을 짠다. 오랜 세월 잉태했던 흑백의 비밀을 풀기라도 하듯이…….

도대체 눈의 정精은 어디에서 어디로 가는 것일까. 순식간에 나목도, 지붕도, 대지도 하얀 은총의 솜이불을 덮는다. 마음까지도 정갈해지는 저 눈가루는 따지고 보면 수분의 결정에 불과한 것이다. 흡사 요정의 샹들리에처럼 정교한 6각형의 결정체라고 하지 않는가.

어둠을 포착한다. 한참 쳐다보고 있으면 흰 바탕에 검은 눈이 내리는 것같이도 보인다. 이렇게 서로 상반된 흑백색은 또 이 세상의 삼라만상을 한 빛으로 덮어 버리는 공통점도 아울러 지니고 있다.

형용키 어려운 흑백의 오묘한 빛에 매료되어 버린 나는 그 속에서 색채를 더듬어 본다. 어둠 속에는 별빛, 달빛도 숨어 아른거리는 것 같고 장미빛 새벽도 보이는 것 같다. 또 설화 송이에는 오색영롱한 무지개 빛이 스며 있는 것 같기도 하다. 이 흑백색의 조화, 그 일체의 비밀은 무엇일까.

먹을 사용하면서 흰 눈을 연상할 때가 더러 있다. 화선지 위 먹빛의 움직임에서 눈과 흙, 물과 눈 사이의 절묘한 조화를 본다. 미끈한 화선지 위로 수묵水墨이 번지는 아름다움은 눈이 흑토에 녹아 들어가는 것과 비슷한 것이 아닐까.

화선지를 편다. 부드러운 붓끝에 담묵淡墨을 듬뿍 머금게 하고 화선지 위를 달리면 엷은 먹빛이 번져 간다. 마치 눈이 녹아 번지듯이…. 먹빛은 그날그날의 마음가짐에 따라 변화를 가져오는 것 같다. 마음의 울림과 만날 때 먹빛은 퍼지고 울림이 멈출 때 진하게 응축한다.

묵색 하나만으로 백지 위에 조형되는 서예술이 만인에게 감동을 주는 것은 바로 그 선에서 발산하는 오묘한 빛 때문이 아닐까. 문자는 보는 언어이다. 그 자의字意를 통해 자기만이 느끼는 색채를 각각 찾을 수 있을 것이다.

나는 선인들의 작품을 대할 때 그 선과 형체에서 헤아릴 수 없는 고전의 투영을 본다. 서는 흑백색 조화의 최고의 예술이라고 하지만, 나는 이따금 그 속에서 색채를 발견하고는 황홀경에 빠질 때가 있다.

나는 먹을 더 진하게 갈고 다시 붓을 들어 신사임당의 사친시思親詩를 써 본다. 구구절절의 사모의 정을 그때의 사임당의 마음이 되어 토해 본다.

인간의 그리움의 정은 무슨 빛깔일까. 오렌지나 핑크의 따뜻한 빛을 느끼다가 애절한 연보라 빛으로도 그려 본다. 달빛은 슬프도록 하얗고 비취 빛이던 경포대 밤바다는 차분한 진회색이리라.

글씨가 말보다 영속하고 사람의 마음을 사로잡아 긴 감동을 남기는 것은 글쓴이의 심혼이 그 속에 박혀 있기 때문이다. 서예술의 진가는 바로 여기에 있는 것이라고 생각해 본다.

흰 눈 때문일까. 오늘 밤은 가벼운 흥분마저 느끼며 붓 잡은 손에 힘이 솟는다. 몇 번이나 되풀이 써 놓은 글씨를 한참 바라보고 있으니 묵선이 가라앉고 흰 공간이 글씨처럼 부각되기도 한다.

밤이 깊어가는 시간. 밖에는 아직도 눈이 내리고 나는 계속 붓을 움직인다. 흑백색의 조화와 그 묘妙, 그 비밀을 캐는 작업이 내 평생의 숙제인지 모른다.

(1981)

窓

내가 살아 있음을 가장 실감할 때는 아침 잠에서 깨어나 커튼을 걷고 창을 여는 순간이다. 나는 신선한 공기를 들이마시며 눈을 크게 뜨고 솟구치는 생명력으로 오늘 하루를 연다.

그리고 하늘을 날고 귀소하는 새처럼 열린 창으로 나가 하루를 뛰다가 밤이 되면 오렌지 불빛이 아른거리는 창가로 다시 돌아온다. 그러면 진정한 삶의 기쁨이 창문을 닫고 어둠 속에 포근히 잠들 때 나를 휘감는다.

열리는 창 그리고 닫히는 창. 그 창 속에는 사람마다의 생활이 있고 제각기 살아가는 기쁨과 슬픔이 맴돌고 있다. 아무리 작은 창일지라도 사람들은 그 속에서 삶을 엮고 세월을 갈면서 변모해 간다.

창밖에는 항상 바람이 오가고 창 안에는 따뜻한 인정이 머문다. 창은 밝고 솔직하여 밖의 모습도 안의 움직임도 거짓없이 드러내 준다. 그래서 열린 창 속에는 활기차고 단란한 가정이 있고 닫힌 창은 병든 폐가를 느끼게 한다.

창은 바로 우리의 두 눈 같은 것이 아닐까.

지난번 일본 북해도 여행에서 본 아이누족의 흙집은 창구멍이 두 개가 있었다. 우리의 초가삼간처럼 아무렇게나 종이를 바른 창에서 포근한 인간미를 느꼈다. 순박한 시골 노인의 선량한 눈동자에서처럼.

대형 주택의 큰 창보다는 이렇게 원시적인 창이 사람의 눈임을 더욱 연상케 했다. 나는 그때 그 창속에서 눈 덮인 겨울을 이겨냈던 원주민의 의지를 발견했던 것이다. 통나무를 깎아 카누를 만들고 창살을 만들며 그들은 그 창으로 곰의 움직임을 쫓고 강이 녹는 봄을 기다렸으리라. 그 사람들의 숨결이 아직도 그 창가에 머물고 있는 것만 같았다.

영혼을 담은 집인 우리 육체의 창인 두 눈은 유리알처럼 밝은 광채로 삶의 척도를 나타낸다. 두 눈동자가 샛별처럼 빛날 때 우리는 생동감으로 충만해진다.

눈은 오직 마음의 진실을 토로하는 거울이다. 창을 통해 그 속을 들여다보듯 우리는 눈을 통해 그 마음속을 환하게 꿰뚫는다.

우리는 서로의 만남에서 반가운 청안에 미소 짓고 증오의 백안에 섬뜩해진다. 사랑의 눈빛, 탐욕의 눈빛, 거짓 꾸밈의 눈빛, 이렇게 눈빛은 하늘처럼 흐렸다 개면서 다양한 빛깔로 마음속을 드러내 놓는다.

이 세상에 사랑의 진실을 고백하는 이의 눈빛보다 더 아름다운 것이 있을까. 서로 사랑하는 눈빛의 마주침은 오팔 같은 오묘한 빛으로 반사한다. 사랑이 깊을수록 아픔도 깊은 것이 사랑의 본질이라면 사랑의 눈빛 속에는 그 아픔 때문에 더 신비스런 빛이 번뜩이고 있는지도 모른다.

열리는 눈 그리고 닫히는 눈.

탯줄에서 끊겨 나온 내 분신과의 첫 대면의 감격은 바로 눈과의 마주침이었다. 이제 막 열린 그 영롱한 눈동자에서 해돋이 같은 서광을 받을 때 나는 이제 나를 버려야 함을 깨달았다. 그 작은 눈동자가 하늘처럼 내 몸 위로 덮쳐 옴을 느꼈던 것이다.

나는 자라나는 아이들의 눈망울이 흐려지지 않도록 정성으로 마음을 썼다. 삼 남매가 온몸으로 나에게 쏟는 믿음과 사랑의 눈빛 그 한없는 심연, 그것은 나를 오늘날까지 가정이라는 항구에 정박시켜 주었던 닻의 무게였고 등대의 불빛이 아니었던가.

마지막 닫히는 순간의 눈빛도 잊을 수 없는 감동으로 남아 있다.

임종 때의 어머니 눈빛. 자손들이 엎드려 기도와 찬송으로 임종예배를 드리고 있을 때 어머니께서는 사흘 동안의 혼수상태에서 감았던 눈을 번쩍 뜨신 기적을 보여 주셨다. 그때 물기 어린 흑진주 같은 광채는 섬광처럼 짜릿짜릿 내 가슴으로 흘러

들어왔다.

나를 한없는 회한의 늪으로 빠지게 했던 그 눈빛, 그것은 평생 동안 쏟으신 한량없는 사랑의 앙금으로 응고된 눈빛으로 이미 이 세상의 빛은 아니었다.

영원히 열 수 없는 눈을 닫으신 어머니의 점점 식어가는 손을 잡은 채 고개를 드니 눈앞에 저녁노을이 물든 창이 눈부셨다. 어머니의 닫힌 눈은 저 창을 통해 이미 천국을 향해 열리고 있었다. 나 혼자만이 저녁노을을 볼 수 있도록 하나님께서 나를 위하여 이 창을 내리신 것이라 여겨졌다.

'사람은 눈이 보일 때까지 손을 움직여 일해야 한다.'

어머니의 낮은 목소리가 머무는 창가. 하고 싶은 이야기를 목까지 채우시고 유리창을 닦고 또 닦으시며 큰딸 오기만을 기다리시던 어머니. 나를 반기시던 어머니 눈빛은 이 창과 함께 내 가슴에 영원히 살아 있는 것이다.

(1982)

날아올라라 사랑의 새여

— 어느 어머니에게

우리는 한때 고통을 모르는 꽃이었지요. 아니 고통을 잉태하고도 그 고통이 무엇인지 몰랐던 꿈같은 시절이 있었습니다.

우리가 진정한 고통의 의미를 깨닫게 된 것은 입덧부터가 아니었던가요. 우리 몸속에 착상된 새 생명으로 우리는 일용했던 음식들이 거부되고 먹은 음식은 물론 피까지 토했습니다. 먹지 못하는 고통은 바로 죽음이지요. 이렇게 모체의 생명을 죽이면서 새 생명은 자랐습니다. 입덧이 끝날 무렵 왜 그렇게 엉뚱한 것들이 먹고 싶었는지 모릅니다. 태아의 자기주장이라고 생각되었습니다.

우리 몸이 이 생명을 감싸고 있는 껍데기임을 안 것은 조금씩 불러오르는 배언저리를 보았을 때였지요. 더 확실한 확인은 7개월 때부터의 태동이 아니었던가 싶습니다. 인간의 형체를 갖추면서 새 생명은 그 속이 좁다고 시위를 하기 시작했습니다. 열 달이 가까와지자 탈출을 시도하는 몸부림이 더욱 격렬했지요. 자아의식이 벌써 싹튼 것이었을까요.

어머니는 기억하십니까.

새로운 생명이 고고성을 울리며 살을 찢는 아픔으로 탈출하던 날을. 이 엄청난 창조의 고통은 그러나 우리만의 것은 아니었어요. 한 생명이 둘로 분열하며 생명의 투쟁이 시작되는 순간, 어둠에서 새 빛으로 탯줄에서 끊겨 나가는 신생아의 아픔을 생각하고 나는 얼마나 이를 악물고 진통을 참았는지 모릅니다. 이 고통의 승화에서 어머니와 아들은 만날 수 있었습니다.

그리고 어머니의 품속에서 혼신의 힘으로 젖을 빠는 아들의 이마 위 땀방울이 가슴 아팠습니다. 또한 젖줄기가 말라붙은 아픔으로 휘청거리던 내 몸의 변화도 함께 말입니다. 사랑을 낳는 것은 아픔을 통한 희생이며 자기포기였지요.

아들은 어머니의 사랑 속에 나무처럼 쑥쑥 자랐습니다. 이때만큼은 어머니들이 원하는 대로 자라주는 아들을 보고 자식은 내것이라는 생각이 조금은 들었었지요.

우리들의 첫 만남은 아들의 고등학교 입학식날이었어요. 우연히 같은 반이 된 교실 밖 복도에서 우리들은 서로 눈으로 인사를 나누었지요. 그 후 자모회 때에도 만나 차도 마시며 친숙해졌어요. 우리 아들들은 함께 문과를 지망했고 수석을 다투며 명문대학에 나란히 합격이 되었습니다.

고등학교 졸업식날이 떠오르는군요. 넓은 운동장, 쌀쌀한 바람을 막은 양지바른 벽에 기대어 활짝 웃는 얼굴로 어머니는 속삭였습니다.

"말수도 적고 공부도 잘하고, 제 자식이지만 나무랄 데가 하나도 없어요."

아들에게 줄 꽃다발을 가슴에 안은 그날의 어머니의 얼굴은 너무나도 행복해 보였습니다.

그런데 그 후 어머니의 웃음은 점점 메말라갔습니다. 아들에게 변화가 온 것이지요. 아들의 눈빛은 달라지고 외박이 잦아지면서 어머니에게도 당당한 주장으로 맞섰다지요. 자식을 가르쳐 놓으니 어머니로부터 멀어져가는 서글픔을 느꼈노라고 전화로 호소했을 때 나는 아찔했답니다.

아들은 새로운 세계에서 자아발견의 태동을 시도한 것이었어요. 모체의 동굴이 답답했던 것처럼 이 세상도 뚫고 나가고 싶었던 것이 아니었을까요. 아들은 자기가 고통 받고 태어난 만큼의 고난을 안고 이 세상을 달리고 있는 것입니다. 무엇이 그 달리는 끝에 기다리고 있을지는 모르고 말입니다.

어머니의 고통도 아랑곳없었습니다.

싸움 아닌 싸움터. 서로 돌을 던지고 아우성치며 눈물을, 피를 흘리는 젊음의 광장.

아들이 팔이 부러져 입원했을 때 처절한 어머니의 얼굴을 잊을 수가 없습니다. 보름 동안의 치료가 끝났을 때 아들의 머리를 삭발해 버린 어머니는 자신의 새끼손가락도 깨물고 굳은 약속을 하였다지요. 다시는 죽어도 그 소요 속에 끼지 않겠다는 것을 말입니다.

그러나 아들의 태동은 아직도 끝나지 않았습니다.

"왜 그럴까요? 도대체, 왜, 왜요!"

어머니는 탄식과 함께 몸부림쳤습니다. 아들의 되풀이되는 탈출의 시도. 새 생명의 창조는 묵은 껍질을 찢고 죽이는 고통을 겪지 않고는 이루어질 수 없다고 했습니다. 생명의 본질은 아픔, 어쩔 수 없는 고통이 아니겠어요. 자식은 영원한 어머니의 아픈 핏덩이가 아니었던가요.

학업에는 무관심하여 두 번 경고를 받으며 아들은 힘들게 4학년으로 올라갔습니다. 살얼음을 딛는 마음으로 어떻게 졸업이나 해주었으면 하는 것이 어머니의 간절한 바램이었지요.

4년이 40년처럼 느껴지는 어머니의 얼굴은 온통 주름으로 덮여졌습니다.

그 날, 그 바람, 그 불길.

왜 아들은 그 자리에 끝까지 남아 하늘을 우러러 두 팔을 휘두르며 불길을 쫓고 있었는지 모릅니다. 푸드드득. 비상하려는 새의 퍼덕임으로 생명의 불꽃을 분명 발견한 것일까요.

나흘 동안 행방불명이 된 아들을 찾아 헤매다 지친 어머니는 급기야 무당을 찾아 푸닥거리도 했노라 고백했습니다. 정화수 떠놓고 밤마다 빌다가 영어의 몸이 된 아들의 소식을 듣고 어머니는 그만 까무러치고 말았다지요.

어머니, 기운을 내세요. 사랑으로 아들을 어루만져 주세요.

사랑의 샘물은 우리의 아픈 가슴으로만이 퍼 올릴 수 있는 비약이 아니던가요. 아들은 극기의 고통 속에서 성숙으로 치닫고 있습니다. 우리는 누구나 고통 속에 살고 있으면서도 그 고통을 외면하고 안일하게 살려고들 합니다. 자연을 거역하고 말입니다. 그러나 지금 주어진 고통을 정직하게 받아들이고 있는 당신의 아들은 그 참뜻을 깨닫고 새롭게 탈바꿈할 것입니다. 고난을 피할 자유는 없으되 고난의 길을 선택할 자유는 인간에게만 주어진 특권이라고 하지 않습니까.

어머니.

당신의 아들은 이제 태동을 끝내고 고통을 벗어난 자기존재를 확인했습니다. 내가 변하여 우리 모두 새롭게 되기를 원하는 존재로서 말입니다. 벌써 아들의 대학 졸업식날이 다가오는군요. 울지 마세요. 어머니. 우리는 그 무서운 진통도 이겨내지 않았습니까. 우리 인생에 졸업은 없습니다. 오직 시작이 있을 뿐이지요.

나는 이제 꽃다발을 두 개 만들 것입니다. 또 한번 태어난 당신의 아들에게 먼저 이 꽃다발을 바치렵니다.

(1985)

이 작은 행복

네. 아직도 강북에 살고 있지요. 마포구에 있는 서강대학이 마주 보이는 좀 높은 곳. 광성 고등학교 옆 동네 신수동에 살아 온지 16년이 되지요. 큰 길에서 집으로 들어오는 입구에 기차 건널목이 있는데. 신의주까지 뻗은 경의선이지요. 가끔 건널목에 차단기가 내려지면 숨가쁜 걸음을 잠깐 멈추고 지나가는 기차를 보면서 북으로 가는 길을 그려보지요. 지금은 화물차만 다니지만 통일이 되면 새마을호를 타고 북으로 가는 꿈을 꾸어 본답니다.

강남으로 이사 갈 생각은 없었냐구요. 왜요. 한때는 강남바람이 불어 흔들거렸지요. 8년 전쯤일까요. 대학 후배가 천여 평 탁 트인 강남땅에 비둘기 집 같은 이층집을 짓고 사는 것이 부러워 그 곁에 집을 짓기로 작정했지요. 부지런히 현지답사도 하고 집을 팔려고 내놨어요. 그런데 말이에요. 그때 마침 막내아들이 바로 집 앞 코 닿는 광성고등학교에 다니고 있었거든요. 대학입시공부에 여념이 없는 아들을 보고 맹모삼천지교를 거역할 수가 없어 그냥 주저앉고 말았지요.

그리고 일기 시작한 아파트 붐. 그 유혹도 많이 받았어요. 쾌적한 환경과 편리한 생활공간이 어찌 군침이 안 넘어갔겠어요. 친구들이 다 강남 아파트에 산다고 우리들도 이사 가자고 아이들이 조를 때마다 내 자신을 무능한 어머니라고 자책도 해보았지요. 오래오래 이웃하며 살자던 옆집이 강남아파트로 훌쩍 떠나더니 '빨리 집 팔고 이 아파트로 온나. 너무 좋데이. 한달새 천만원이 오르지 안했겠나' 하고 침이 마르도록 자랑하고 전화를 끊었을 때 멍하니 주눅이 들었었지요.

그런데 말이에요. 우리가 아파트로 못가는 이유가 또 있지요. 올해 8순이신 시어머님께서 그 성냥갑 쌓아 올린 것 같은 것이 집이냐구요. 땅도 없는 움막이라나요 에레타인지 뭔지 단추 하나 누르면 하늘까지 올라가는 것 같아 어지러워 죽어도 아파트는 싫다고 하시지요.

서울의 한강은 참으로 아름답지요. 더욱이 밤의 한강은 한없이 달리고 싶은 환상의 세계지요. 서울에 사는 행복을 달리는 승용차의 스피드만큼 쾌적하게 느낍니다. 언젠가 보았던 뉴욕의 허드슨강을 잇는 워싱턴부릿지가 보석을 늘어놓은 것 같이 아름다워 매료되었는데 지금은 우리의 한강 풍경이 더 아름답게 보이지요.

유람선을 타고 강물 위를 미끄러질 때 한강교를 건널 때 서울이 두동강이 난 것 같은 착각에 빠져 버지리요. 강북에서 강남으로 한강을 잇는 다리가 흡사 문어발처럼 뻗어 강남을 뒤엎어 버린 것 같이 느껴져요. 강남에 이루어진 또 하나의 서울. 강북보다 크고 높고 화려한 최신건물들, 휘황찬란한 호텔들, 네온이 눈부시는 환락가는 너무나도 선진국의 대도시를 닮아가고 있어 놀라와요.

나는 길눈이 어두워서인지 하루가 달라지는 강남에 가면 어디가 어딘지 헤매입니다. 어떤 이방지대를 서성거리는 것 같아 쭈뼛거리다가 강북으로 돌아오면 마음이 그렇게 편할 수가 없어요. 역시 강북 체질인가봐요. 밖에서는 나름대로 현대적인 활동을 하면서도 집에서는 옛날로 돌아가지요.

내가 시집 올 때 시댁은 종묘 담 밑의 ㄷ자 한옥이었는데 뒷 곁에 우물이 있고 무쇠솥 아궁이에 장작을 지폈던 그 생활을 시어머님께서는 지금도 그리워하시지요. 장독대는 햇볕 바른 높은 곳에 두어 간장 된장 고추장 항아리를 올려놓고 조금씩 떠다 먹어야하고 김치독은 땅에 묻어 겨우내 싱싱한 김치를 끼니때마다 꺼내 먹어야 하지요.

방이 춥다고 장작 좀 더 지펴라 하시면 바로 열아홉개 연탄구멍의 화력을 일제히 올려 아랫목을 따끈하게 해드려야 합니다. 빨래는 네것 내것, 위 아래 옷이 새끼 꼬듯 돌아가는 세탁기를 아예 외면하시지요. 그리고 전기솥 밥을 드시면서도 구수한 숭늉을 찾으십니다. 여느 때는 답답하다가도 옛날을 그대로 살고 싶어하시는 그 순박성에 그만 푸근해져 버리지요.

낙원은 천리만리 찾아나서야 있는 것이 아니고 바로 내 눈앞에 있는 것이 아닐까요. 봄이 오면 집집마다 목련, 라일락, 벚꽃, 배꽃이 피고 초여름이면 붉은 들장미가 담 밖으로 흐드러져 골목길은 흡사 장미 터널을 이루고 가을이면 감, 사과, 배가 골목 밖으로 익는 아름다운 우리 동네. 대문을 두들기면 앞집 뒷집 서로 기웃거려 대소사도 의논하고 돕는 우리 동네가 바로 낙원이지요.

그리고 저 산 넘어 있는 행복을 찾으러 갈 필요도 없어요. 아침 일어나 상쾌한 공기를 마시고 땅을 밟으면 흙냄새가 올라오고, 철봉에 매달려 하늘을 우러르면 라일락 꽃잎이 코끝에 지지요. 마당 가득 흩어진 낙엽을 시를 읊듯 줍기도 하고 흰 눈 내린 은세계 위에 뽀드득. 뽀드득. 발자국을 남기면 잊었던 어린 시절이 아른거리지요.

천국같은 우리집. 남편이 햇빛 되어 비쳐주고 시어머님이 그늘이 되어 가려주시면 아이들은 사랑의 꽃으로 피어나는 우리 집. 나는 매일 건강하게 언덕을 오르내리며 내 일에 전념할 수 있는 이 행복, 그 이상 또 무엇이 있겠어요.

(1986)

해돋이

대자연의 신비스런 변화와 교감할 때 사람들은 가슴 설레는 감동에 빠진다. 이 세상에 어둠에서 빛으로 하늘이 열리는 순간만큼 큰 감동은 없으리라. 지금까지 내가 맞이한 해돋이의 장관 가운데 잊을 수 없는 감동들이 있다.

6·25 피난시절 옹달샘에서 물을 뜨고 일어섰을 때 마주친 산봉우리로 솟아오르던 해, 새벽기도회에서 돌아올 때 눈부셨던 교회 지붕 위로 부서지던 해, 해발 745미터의 토함산에 올라 눈 비비며 바라보던 일출, 그리고 태평양 상공에서 바라다본 해돋이 등. 그 중에서 가장 인상 깊게 남은 것은 바다 위를 비행하며 바라다본 해돋이 광경이었다.

시차 때문에 밤에서 밤으로 이어진 긴 어둠을 사르고 수평선 위로 떠오르던 황홀한 태양은 지금 생각해도 가슴이 뭉클해진다.

겨울과 여름. 지금까지 나에게 두 번의 미국여행이 주어졌는데 두 번 다 기창으로 이러한 새벽의 장관에 접할 수 있었다. 한 번은 8년 전 겨울, 동생의 죽음 앞에 복받쳐 오는 오열을 가슴 깊숙이 밀어 넣으면서 눈물로 범벅이 된 채 바라보던 해돋이.

또 한 번은 올 여름 아들을 낳은 딸을 찾아가는 길에 솟구치는 환희의 눈으로 바라보던 해돋이. 우연이라기에는 너무나도 대조적인 두 번의 여행이었지만 마주친 해돋이는 그때나 지금이나 변함없는 신비의 대자연이었다.

사람들은 미처 몰랐던 일들을 살아가면서 하나하나 깨닫게 된다. 죽음과 탄생은 극과 극이면서 어쩌면 같을 수도 있다는 것을 깨달은 것이다.

먹빛 어둠은 바로 고통이다. 죽음과 탄생은 다 함께 이 고통의 껍질에서 탈출해야 한다. 골수 파괴로 피가 마르는 고통을 참고 견디어야 했던 동생의 투병생활은 어둠 그것이었다. 새 생명을 잉태하고 겪어야 했던 딸의 고통 또한 긴 어둠이 아니겠는가.

고통을 잉태했으되 그 고통의 의미를 정확히 모르는 것이 우리 인간들이다. 몸속에 착상된 병균이 자기 뜻으로 죽음으로 몰고 가는 것이 아닌 것처럼 모체에서 태아가 성장하는 것도 자신은 잘 알지 못하는 것이다. 자기 몸인데도 인간은 이렇게 무지할 수밖에 없다.

얼마나 어둠을 바라보고 있었을까. 내 두 눈은 드디어 검은 빛이 연한 담묵으로 변화하는 과정을 재빨리 포착했다. 그 담묵은 좀더 희미하게 물 탄 듯 번지더니 순간 한 줄기 오렌지빛이 선명하게 수평선을 긋고 있지 않는가. 이 선은 점점 굵어지며 황금빛으로 변하고 그 양쪽 끝은 환상의 보랏빛이 되어 길게 꼬리를 잇고 있었다.

아! 내 입에서 저절로 터진 탄성과 함께 이 신비한 빛의 변화에 가슴이 떨리기 시작했다. 순간 그 떨림은 짜릿한 아픔으로 변하는 것이 아닌가. 극치의 아름다움은 차라리 아픔인가. 참으로 아름다운 사랑은 가슴 밑바닥에 묻어두는 아픔으로 완성하는 것처럼. 이 신묘한 빛깔들을 내 가슴에 영원히 간직하고 싶어 새벽하늘에 빨려 들어갔다.

시한부 인생을 살면서 동생은 수혈과 방사선 치료 등의 수술 준비로 황금빛 희망을 갖기도 하고 때로는 보랏빛 외로움에 빠지기도 했으리라. 보랏빛은 애도와 참회의 빛이다. 하나님께로 돌아갈 완전한 변화를 위해 회개하는 빛이다. 자신의 약한 육신의 죄 됨을 슬퍼하고 부모형제와 아내와 딸과의 이별의 아픔을 축복으로 승화시켰을 동생의 임종이 아름답게 부각되었다.

만삭의 딸은 진통의 간헐적인 아픔을 참으며 하늘에 모든 것을 맡기고 기도드렸으리라. 온전한 인간을 탄생시키는 새로운 삶의 변화를 위해 이를 악물고 고통을 받아들였으리라. 딸의 진통이 바로 그 딸을 낳았던 때의 나의 아픔으로 되살아나고 있음을 감지했다.

어느덧 하늘은 빛의 점화가 시작되고 있어 해가 솟으려는 몸부림으로 오렌지 빛 구름 조각들이 서서히 부유하기 시작했다. 그 움직임은 순식간에 확대되고 나는 가슴에 손을 얹고 고동소리를 달래며 일출을 기다렸다.

동생 몸에서 한 방울의 피마저 말라 탈진된 상태는 모시자락 같은 가벼움으로 비상하려는 순간이다. 가족들의 간절한 기도 속에 편안하게 눈을 감은 동생의 미소가 떠올랐다. 그리고 마지막 살을 찢는 아픔으로 땀투성이가 된 딸의 진통의 외침에 이어서 고통을 뚫고 터져 나오는 신생아의 고고성이 들려왔다.

드디어 눈 깜짝하는 사이 둥근 해가 솟아올랐다. 해돋이는 위대한 분만이다. 이 적나라한 자기 노출. 우주 전체 인류 전체가 갈망하는 사랑 속에 서슴없이 당당하게 알몸을 드러내는 해처럼 하나님의 품으로 동생은 돌아가고 온 가족의 품으로 아가는 태어났다. 이 세상을 떠나는 자도 오는 자도 통과 길목의 해돋이.

(1987)

하얀 저고리

8·15 격동기를 맞았던 공주사범 1학년 시절. 그때를 생각하면 영상처럼 떠오르는 환상의 흰빛이 있다. 그 빛은 하루를 열던 새벽빛이기도 하고 눈부시던 한낮의 햇살이기도 하고 밤길을 비추던 달빛이기도 했다. 그리고 그 빛은 뙤약볕에 땀 흘리던 농부의 무명옷이기도 하고 여름밤 달빛에 하얗게 피어오르던 여인의 모시적삼이기도 했다. 흰빛. 열세 살 철부지의 가슴에 민족혼을 심어주던 그 빛.

백제의 고도 공주는 산수 수려한 고을이다. 산기슭에서 흙을 파서 소나무 뿌리를 캐면 무늬가 다양한 기왓장들이 솟아나왔다. 그 소중한 조상의 얼을 마구 짓밟고 깨뜨리면서 송근松根 캐기에만 혈안이 되었던 그때. 다시 땅 속으로 내 어리석음까지도 몽땅 묻어버리고 싶은 몰라도 너무 몰랐던 시절이다.

어느 날 일을 마치고 돌아오면서 농부들과 만난 일이 있다. 그 농부들은 저고리 소매와 바지를 걷어 올리고 열심히 밭을 갈고 있었는데 그 무명옷은 회색으로 바래서 군데군데 기운 가난의 자리가 돋보였다.

저만치서 머리에 광주리를 이고 아기를 들쳐 업은 농부 아낙이 우리앞을 지나쳤다. 뜨물처럼 투박한 옥양목 저고리, 잘 여며지지 않는 앞섶 밑으로 늘어진 유방이 흔들거려 나는 치부가 드러난 것 같아 외면을 해버렸는데 일인 친구들이 킥킥 웃기 시작했다. 항상 주동이 되는 마사코가 폭소를 터뜨리자 모두 '와하하' 하고 합세를 하는 게 아닌가. "조센징의 흰옷은 야만인의 옷이야." 계속 엉덩이를 흔들며 그 여인의 흉을 내면서.

그 후에도 시간만 나면 희극배우 빰치는 마사코의 이 연기가 사람을 웃겼다. 우리 한복을 비웃는 그들의 야유가 분했지만 어찌할 도리가 없었다. 왜 우리 조상은 상하로 옷을 갈라놓고 내 어린 가슴을 아프게 하는 것일까.

더위가 시작할 무렵. B29의 내습이 잦아지고 우리의 근로봉사도 날로 심해가던 중 이상한 소문이 나돌았다. 흰 저고리만 입고 산 위에 오르면 폭격을 당하지 않는다는 것이다. 나는 어머니에게 항상 흰 옷만 입으시고 내 흰 저고리도 한 벌 지어 보내주시라고 편지를 썼다.

숨막히는 더위가 기승을 부리던 8월 15일, 그날, 젖은 생쥐라는 별명의 교장선생이 전교생이 모인 강당에 모습을 나타냈다. 아주 엄숙한 목소리로 떨면서 일본의 항복을 알렸다. 여기저기서 통곡이 터져나왔다. 나도 따라 울었다.

한참 울고 있는데 기숙사 실장인 선배 언니가 얼떨떨해하는 나를 끌고 농장으로 갔다. 그곳은 평소 죄수들이 끌려가는 탄광만큼이나 가기 꺼려하던 곳이다. 돼지먹이를 주고 움막을 청소하는 일, 잡초를 뽑는 일, 파리·송충이, 배추벌레를 잡는 일 등 특히 한국학생들에게 강제노동을 시킨 악명 높은 후지하라 선생의 담당구역이었다.

언니는 흰 저고리 옷고름을 휘날리며 수박을 되는 대로 발로 차면서 "개새끼 후지하라 나쁜 새끼" 하며 나보고도 힘껏 차보라고 했다. 여기저기 익지 않은 속이 튀어나온 수박이 나뒹굴었다. 후지하라의 머리통이 되어 터져나갔다.

다음날 전교생 귀가령이 내려 나는 짐을 꾸리기 시작했다. 어머니가 보내주신 흰 적삼을 입고 소매를 걷어올려 이불을 등에 지고 양손에 소지품을 들고 나섰다. 기가 죽은 마사코도 뒤따랐다. 그녀는 엊그제 어머니의 위독 전보를 받고 귀가하려던 참이었다.

온누리에 가득한 8월의 햇빛. 억눌렸던 조국의 염원들이 눈부신 햇살이 되어 퍼지고 있었다. 길가에 나부끼는 종이 태극기의 물결, 만세소리, 애국가 부르는 소리, 그 속을 우리가 탄 버스는 뿌연 먼지를 일으키며 논산으로 떠났다.

요철의 흙길. 내장마저 흔들리는 시골버스는 자주 펑크가 나 한참 고치고 떠나면 또 펑크, 이렇게 몇 번을 반복하는 것이 아닌가. 울화통이 난 운전기사가 뛰어내려 문을 활짝 열고 일본년 놈들은 모조리 내리라고 호통을 쳤다. 사람이 너무 많아 타이어가 견딜 수 없다고 문간에 있는 사람들을 끌어내렸다.

대충 일본인들을 솎아내고 떠났는데도 펑크는 여전했다. 드디어 버스는 논산을 십리 정도 남겨놓고 최후의 단말마를 지르고 주저앉고 말았다. 기가 막혔다. 할 수 없이 밤길을 걷기 시작했는데. 배는 고프고 짐은 무겁고 얼마 못가서 기진맥진이 되어버렸다. 언제 왔는지 마사코가 내 곁에 있었다. 우리는 똑같이 키가 작고 허약체질이었기 때문에 일행에서 자꾸 떨어져나가 맨 뒤꽁무니가 되었다.

사위는 고요한 밤, 우리의 질질 끄는 신발 소리만이 쓸쓸히 들릴 뿐, 이지러진 달이 우리 앞길을 비춰주고 별들이 벗이 되어주었다.

"내가 잘못했어. 제발 나 좀 도와주어."

개똥벌레가 날아다니는 길가 잡초밭에서 숨을 돌리는 나에게 마사코가 모기소리로 애원했다.

빈 마차가 한 대 달려왔다. 구세주를 만나듯 나는 재빨리 올라타 매어달리는 마사코의 손을 잡아 올렸다.

"일본년은 안돼." 그 마부는 일일이 이름과 고향을 물으며 조사를 했다. 우물거리는 마사코를 끌어내려는 앞을 나는 가로막으며 우리 동네에 사는 친구인데 어머니가 돌아가시게 되어 밤새 울어 목이 쉬었다고 설명을 늘어놓았다.

"너 일본년을 도와주면 반역자야." 마부가 무섭게 노려보았다.

마차가 막 떠나려는데 어떤 일본학생이 살려달라고 매달렸다.

"일본년은 안된다니깐."

그 손을 말채찍으로 후려치니 그녀는 앞으로 꼬꾸라지고 마차는 떠났다. 마부는 태극기를 흔들며 목청을 돋구었다.

"이랴이랴. 대한민국 만세!"

우리는 한참만에 이장집으로 안내되었다. 이 동네에서 유일한 기와집이고 지체 높은 집안 분위기였다. 이장부인이 저녁상을 차려주었다. 보리밥 한 그릇을 물에 말아 열무김치에 순식간에 비우고서야 부채질하고 있는 이장부인의 하얀 모시 적삼에 눈길이 멎었다. 달빛을 업은 풀이 센 모시옷의 정갈한 아름다움이 그 여인을 선녀로 만들어주고 있지 않은가. 마사코의 눈도 역시 빛나고 있었다.

다음날 하얗게 밝아오는 새벽길을 걸으며 논산에 도착한 우리는 서로 헤어졌다. 악취가 코를 찌르는 대합실 모퉁이에서 막 떠나려는 나에게 마사코는 볶은 콩 한줌을 쥐어주며 물기어린 눈으로 말을 이었다.

"너희 나라 하얀 저고리가 참 아름다워, 네 마음씨만큼이나."

(1988)

열쇠

여러 가지 모양의 크고 작은 열쇠를 보면 우선 흥미롭다. 열쇠를 채운다는 것은 그 안에 무엇인가 귀중한 물건이 있거나 또 남이 알면 안 되는 비밀이 담겨져 있기 때문이기에 호기심이 솟는다. 또 저마다 열쇠를 열고 들어가는 공간은 도대체 어떤 곳일까. 사람들은 모두 자기만의 귀중한 소유를 위해 열쇠를 채운다.

물질문명이 발달할수록 이웃과의 담이 높아진 현대인들은 혼자만의 공간 속에서 고립된 생활을 영위하고 있다. 점점 치열한 생존경쟁에서 소유욕은 증가하고 그 소유를 점유하려는 욕망은 강해질 뿐이다. 열쇠는 그 욕망의 부산물이라고나 할까, 열쇠를 많이 가진 것이 자랑으로 되어 있는 것이 요즈음 현실이다.

소녀시절 우리 집에는 자물쇠를 채워 둔 곳이 두 군데 있었다. 대문 옆 광하고 안방의 반닫이였다. 이따금 어머니께서 자물쇠를 주시며 집을 잘 보라고 이르시고 외출하시면 큰딸인 나는 제법 어른스럽게 동생들을 거느리며 두루 집안을 살피고 다녔다.

어느 날 나는 궁금증이 일어 살그머니 광문 자물쇠를 열고 들어가 보았다. 거미줄이 쳐진 구석에는 북어 대가리를 물린 쥐덫이 있고, 그 옆에 쌀가마니와 잡곡 푸대들이 있었다. 벽에 마늘이 여러 접 걸려 있고, 큰 독에는 북어, 멸치, 미역 등이 들어 있었다. 곡식이 금쪽같았던 시절, 종가 집 맏며느리인 어머니는 도둑맞을 염려보다 헤프게 음식을 다루게 된다는 이유 때문에 자물쇠를 채워 둔다는 말씀을 곧잘 하셨다.

한여름 퀴퀴한 흙냄새가 나는 광 속은 얼마나 시원한지 멍석을 깔고 앉아 책을 읽고 있으면 스르르 잠이 들기 일쑤였다. 좁은 공간에 갇혀 있으면서 나는 어떤 해방감을 느꼈던 것이다.

그리고 안방 반닫이도 열어 보지 않고는 못 배겼다. 오색 무지개를 바라보듯 두 눈을 황홀하게 뜨게 했던 그 속에는 색색의 비단 옷감들이 차곡차곡 쌓여 있지 않는가. 장차 시집보낼 딸들을 위해 하나하나 장만하신 어머니의 정성이 내 분홍빛 꿈과 함께 아롱거리고 있었다.

이때부터 나도 열쇠가 갖고 싶었다. 소중한 나만의 비밀을 간직하고 싶었던 것이다. 마침 열쇠가 달린 일기장을 손에 넣게 되었다. 그런데 누가 훔쳐 읽으면 안 될 이야기가 도무지 없는 것이다. 중학생이 됐는데 시시하게 열쇠를 채울 글 한 줄 못 쓰다니. 열쇠 있으나 마나의 일기장을 졸업할 때까지 가지고 있었던 기억이 난다.

사람들은 자기 열쇠의 기능만을 믿고 마음 든든해하는 어리석음이 있다. 그래서 한편 열쇠를 채운다는 것은 자기 소유에 대한 애착으로 자기만족에 빠지는 일종의 자기애가 아닌지 모르겠다.

열쇠의 수는 연륜에 비례하는 것일까. 열쇠가 많을수록 고생문이 훤하다는데 오랜 세월을 살다보니 내 손에도 열쇠 다섯 개가 쥐어졌다. 안방과 서실 그리고 장롱과 경대 서랍의 열쇠들이다. 보석이나 귀중품이 많은 것도 아닌데 오래 살았다는 훈장 같은 것이라 생각하고 이 열쇠들을 애용하고 있다.

밖에서 돌아와 안방문을 열고 들어서면 내 몸은 아늑한 요람 속으로 잠긴다. 30년 세월 며느리, 아내, 어머니로 길들여진 내 소우주, 울분도 삭히고 슬픔도 사라지는 참 자유가 숨쉬는 곳이다. 이따금 장롱을 열고 자개함 속의 보석을 따라 즐거운 여행을 떠나기도 한다. 그동안 다녔던 여행지에서 나는 커 가는 세 아이를 위해 조촐한 보석들을 장만했다. 좁은 공간에 담겨진 눈부신 세계는 옛적 반닫이 속의 황홀경과 이어졌다.

집을 나와서 인사동 서실 문을 열고 들어서면 남창으로 멀리 보이는 남산의 하늘과 마주친다. 이곳에서는 안방에서와 또 다른 순수한 한 인간으로서의 나를 발견한다. 먹을 갈고 붓을 들면 어떤 해방감과 함께 은둔하고 있는 것 같은 안정감이 따른다. 넓은 밖에서 누리지 못하는 자유와 해탈의 경지를 좁은 공간에서 찾아보려는 바람으로 마음이 가득찬다.

열쇠의 기능이 해방과 구속이라는 이중 역할을 하는 것이라면 내 안방과 서실의 열쇠는 해방과 자유만을 만끽하게 한다. 하루 종일 있어도 구속감은 전혀 없기 때문이다. 오히려 좁은 공간에 혼자 있다는 느낌 자체가 결국은 해방과 자유에 귀착되는 것이라 믿고 싶을 뿐이다.

이번에 내 열쇠고리에 새 얼굴 하나가 늘었다. 승용차 열쇠이다. 열쇠를 열고 운전석에 앉아 안전띠를 매고 핸들을 잡으면 차바퀴는 내 발이 되어 달려간다. 몸은 꼼짝없이 갇혀 있으면서 완전 해방감을 느끼는 것은 탁 트인 넓은 시야 때문이리라. 움직이는 작은 공간 속에서 나는 잡념도 역정도 해소되는 쾌감을 맛본다. 세상살이의 크고 작은 어려움을 이겨내려는 자세는 믿기 어려운 힘의 변화를 가져다준다.

그러나 나는 마지막 열쇠 하나를 더 원하고 있다. 열쇠가 필요 없었던 순진무구의 소녀 시절이 어제 같은데 지금 내 마음 속에는 너무나도 많은 이야기들이 쌓여 있는 것이다. 그 마음의 문을 열 열쇠는 어디에 있을까.

(1989)

2부

마음의 질서

어느 날 외출하고 돌아와 보니 안방이 깨끗이 정돈되어 있었다. 언제나 쫓기는 일 때문에 정돈을 못한다고 여기신 시어머님께서 말끔히 치워 놓으신 것이다. 만족해하시는 어머님께 정중히 고맙다는 인사를 드렸지만 참으로 난감했다. 내 머리속은 잘 정돈된 방과는 달리 혼란이 왔기 때문이다. 가지런한 외형에서 나는 헝클어진 무질서를 느낀 것이다.

어젯밤 정리한 강의 노트가 간데 없고 마지막 정서를 해서 보내야 할 수필 원고가 보이지 않았다. 읽고 싶은 책들도 뒤죽박죽이 되고 답장을 써야 할 엽서와 편지 봉투들은 아예 쓰레기통에 들어갔는지 흔적이 없다. 무엇부터 시작해서 찾아내야 할지 어리둥절했다.

오늘이라는 현실은 결코 어제로 되돌아갈 수는 없지만 고리처럼 이어져야 할 어제의 연결이 아닌가. 그리고 내일로 이어지는 오늘이다. 이렇게 분리될 수 없는 삶의 연속 과정에서 나의 작은 역사가 단절된 느낌이 든 것이다.

다시 내 마음의 움직임에 따라 잃어버린 것들이 본래 위치로 돌아오는데 많은 시간이 걸렸다. 읽고 싶은 책을 순서대로 놓다 보니 들쭉날쭉 되고 강의 노트와 원고를 찾다 보니 자연 주변이 뒤집혀져 난잡하게 흐트러져 버렸다. 그래야만 안정이 유지되니 이상한 일이었다. 이것은 어디까지나 나 혼자만이 갖는 마음의 질서이리라. 나는 이러한 경험이 있어서 아이들 방을 함부로 손을 대지 않는다. 세 아이가 허둥지둥 등교하고 나면 아이들 방에 들어가 본다.

젊음의 활력이 넘치는 공간. 인간이 갖는 지적 성취 욕구가 가장 왕성한 시기가 대학시절이다. 아이들에게 개방되어 있는 지적 성취감이 충만한 방에서 나는 무엇으로 남을 것인가 생각해 본다. 이제 내 본능의 사랑만으로 아이들의 마음을 채울 수는 없다는 어쩔 수 없는 한계를 느끼는 것이다. 어머니의 사랑도 창조해야 한다는 것도.

세익스피어 전집 등 영문학 서적이 산적한 딸 방에는 책상 위에 자료 수집한 카드와 원고지가 널려 있다. 그 옆에는 『한국현대소설사』 『근대문학 비평연구』 『문예사전』과 『국어사전』 등이 펼쳐진 채 메모된 인용구의 쪽지들이 끼여 있다. 학부에서는 영문학을, 대학원에서는 국문학을 전공한 딸은 지금 석

사논문 작성에 여념이 없다.

법과대학 졸업을 앞두고 사법고시 시험 준비에 열중하고 있는 큰아들 방은 묵직한 육법전서와 법학 서적들이 빽빽하게 숲을 이루고 있다. 책상 위에는 형법 책이 펼쳐져 있고 암기하면서 써 놓은 듯 색색으로 무늬진 메모지와 볼펜들이 흩어져 있다. 밤새 책과의 씨름에서 아직도 열기가 감도는 공간을 '必勝'이라고 쓴 내 휘호가 내려다보고 있다.

대학 2학년인 막내아들의 방은 제일 가관이다. 컴퓨터에서 토해낸 프린트 용지가 문지방까지 길게 늘어져 있어 발 들여놓을 틈새가 없다. 경제학 전공이면서 부전공은 사회학으로 항상 논문 쓰기에 바쁘다. 책꽂이에는 『맑스정치경제학』 『혁신자치제』 등 현기증 나는 책들 틈에 내 수필집이 애교있게 끼여 있다.

나는 조심스럽게 빈 커피 잔과 주스 깡통, 귤껍질, 땅콩 부스러기 등을 치우고 책상 위 먼지만을 닦아낸다. 메모지 한 장도 버리지 않고 볼펜이나 책 공책들의 위치도 그대로 둔다. 창을 열고 방을 훔치며 벗어 놓은 빨랫감을 거두고 나오는 내 마음이 한결 개운하다.

이러한 내 손길은 학교에서 돌아온 아이들이 쾌적하게 호흡을 이을 수 있는 사랑의 흔적이다. 각자의 마음의 질서에 따라 자기만의 연구 분야를 천착穿鑿할 수 있게 하는 것만이 나의 기도 같은 바람이다.

내일을 향한 희망이 클수록 오늘 현실의 뿌리는 깊고 단단해야 한다. 나무는 씨 속에 이미 그 특징을 지니고 있는 것처럼 내일에 대한 희망은 현실이라는 씨앗 속에 들어 있는 것이다. 때가 되면 씨앗의 본질이 나타나리라는 신념으로 찬 아이들의 현실 인식이 대견스러울 뿐이다.

마음의 질서는 오랫동안 한 우물을 파듯 자기 일에 전념할 때 유지되는 것이 아닐까. 그래서 외견상 무질서로 보이는 것이 도리어 질서가 되는 것이다. 외적 질서는 마음의 질서와 합쳐져야 참다운 질서가 되고, 마음의 질서를 도외시해서 외적 질서를 정돈했다 해도 공허할 뿐이라고 한 어느 철학자의 말이 떠오른다. 질서는 생명 있는 원리라고 밝힌 그는 '질서에는 따스함이 있어야 하고 사람들은 그 훈훈한 온기에 의해서 생명의 존재를 감지한다.'고 했다. 이 말은 나와 아이들 방을 정리할 때마다 은은하게 가슴으로 젖어든다.

사람들의 모든 지식과 기억은 결국은 마음 깊은 곳에 충전되어 쌓이는 것이 아닐까. 오늘과 내일의 이음 선상에서 이것들도 날로 성장하리라. 그래서 어떤 강한 외적 힘으로 다스리지 못하는 주변을 따사로운 마음의 움직임으로 어루만지게 된다. 이러한 마음의 질서가 오랜 세월 유지되어야 그것이 자기만의 자산으로 남을 것이다.

(1990)

불빛

인류 문명의 시원을 열어준 불. 인간이 다른 동물과 다른 점이 바로 이 불의 사용이다. 인류의 지혜는 돌과 돌, 나무와 나무의 마찰에서 반짝하는 섬광을 발견했던 것이다. 이 부싯돌의 불을 나무에 점화하여 횃불로 이어졌다.

그러나 현대의 불빛은 전력이다. 이 전기의 고마움은 어찌 불빛뿐이랴. 우리가 애용하는 라디오·텔레비전·에어컨·전화·세탁기·선풍기에 이르기까지 전력 없이는 사용할 수 없는 것들이 대부분이다. 우리의 문명의 이기를 움직이는 근원인 이 전력은 또 모든 물품을 만드는 생산공장의 에너지로 국가 경영에 없어서는 안 될 기간사업의 중추인 것이다.

우리나라는 올 여름 전력 부족의 위기를 맞았다. 소득은 적으면서 전기를 흥청망청 소비했기 때문이다. 전력 성수기의 여름철, 절전은 발등의 불로 떨어져 부랴부랴 에너지 절약운동을 펴기에 이른 것이다.

도심 상가의 네온사인도 규제하고 집집마다 에어컨과 선풍기 대신 부채 사용을 권장했다. 전력난 극복의 지름길은 바로 아껴 쓰는 지혜만이라는 것을 모두에게 각성시키며. 그래서 절전의 생활화로 익숙해진 우리의 눈은 너무나 현란한 불빛 앞에서는 늘 불안했다.

예술과 꽃의 도시 파리. 이번 여름 다녀온 파리의 여름밤은 그야말로 눈부신 불빛의 축제였다. 내 가슴을 불빛으로 하여 온통 뜨겁게 타오르게 했던 파리의 여름밤.

서쪽 하늘에 곱게 노을이 지는 어스름에 나는 낭만의 유람선을 타고 센 강을 미끄러져 갔다. 상업문화 중심지인 이 도시의 한가운데를 휘어져 굽이 흐르는 센 강. 왼쪽은 상업지구이고 오른쪽은 학문의 요람인 대학과 화랑이 즐비한 곳이라고.

시원한 강바람을 마시며 바라보는 노틀담 사원이 이채로웠다. 도시의 건물은 대부분 가지런한 7층 정도여서 하늘이 넓게 보이는 파리. 서울의 4분의 1 정도밖에 되지 않는 도시지만 고층건물이 없어서인지 밤하늘은 훤화게 트여 넓어보였다.

두 시간 남짓의 유람 끝에 선착장에 돌아오니 밤하늘의 둥근 보름달을 뭉개버린 것은 휘황찬란한 불빛이었다. 여러 척의 유람선이 경쟁하듯 장식된 선박 둘레의 불빛으로 반사된 강물은 마치도 불바다를 이루고 있지 않은가.

그리고 우뚝 밤하늘에 솟은 에펠탑의 눈부신 불기둥. 프랑스혁명 백주년인 1889년에 세워졌다는 높이 307미터의 에펠탑은 줄줄이 꼭대기까지 불빛의 보석 옷을 걸친 파리의 여왕이었다. 그 아래 대낮처럼 환한 공원에는 탑 꼭대기까지 올라가 파리의 야경을 보려는 사람들로 장사진을 이루고 있었다.

이 풍요로운 불빛. 인간의 혈맥처럼 이어 내려온 불빛의 비밀이 스며 있는 도시 . 그 불빛은 세월을 밝히며 이 땅에 위대한 예술을 낳게 했음인가. 하늘과 강만이 나눌 수 있는 파리의 비밀을 안고 센 강의 물결만이 말없이 출렁대는 밤.

불야성의 도시는 불빛에 현혹되어 부유하고 있고 파리이기에 조금도 불안하지 않은 불빛을 가슴 가득 담아본다. 이 풍부한 전력은 바로 이 나라의 국력임을 입증하고 있지 않은가.

아침 일찍 루브르 미술관과 퐁피두 미술관 그리고 로댕 미술관에 줄을 서서 들어가면 한국어 · 영어 · 일본어 · 중국어 등 각기 자기 나라 말로 설명하는 안내원 앞에 무더기로 모여 있는 사람들로 빽빽했다. 유명한 작품 앞에는 들어설 틈새가 없었다. 예술의 거리 몽마르트 언덕, 무명화가들이 그림을 늘어놓고 팔기도 하고 지나가는 사람을 붙들고 초상화를 그려주고 있는 거리는 마치도 대목 전날의 남대문 시장처럼 붐볐다. 파리 시민들은 모두 피서를 떠난 텅 빈 거리에서 각종 인종의 관광객들만이 부딪치니 마치도 이 도시에 세계를 축소해 놓은 것 같은 느낌이었다.

과연 관광왕국다운 이 풍부한 관광자원, 이 외화수입으로 더욱 높은 국민소득의 나라. 그래서 이곳의 불빛은 더욱 강열하게 불타 관광객들을 사로잡고 있는지 모른다. 불빛에 현혹되듯 예술작품에 빠져 들었고 예술 작품에 도취한 눈을 밤의 불빛은 더욱 환하게 열어주었다. 그래서 예술을 낳고 사랑할 수밖에 없는 민족임을 절실히 느끼게 했다.

그러나 파리의 불빛이 아무리 아름답다 해도 그것은 나에게는 하룻밤의 꿈에 지나지 않았다. 여행에서 돌아온 나를 반겨주는 희미한 외등을 바라보며 현관문을 들어서자 비로소 현실과 부딪쳤다.

라디오에서 흘러나오는 새생활 새질서 캠페인. 열띤 목소리는 한 집에 한 등 끄기 운동을 실천하라고 호소하고 있지 않은가. 전국 천만 가구에서 60촉 전등 하나씩만 소등하면 발전소 일기一基를 새로 짓는 효과와 건설비 5천억 원이 절감된다고.

외등과 거실의 전등을 끄고 안방에 앉아 태극선으로 바람을 일으키니 그지없이 내 마음이 가라앉는다. 가물가물 인정이 감도는 희미한 불빛. 그 불빛은 창호지문에 스며드는 지등紙燈처럼 오래전 우리 선조들이 사랑한 불빛이 아니었던가. 번들거리지 않는 순박한 문화예술을 가꾸어 온 우리 조상들의 숨결이 스민 값진 유산이다. 내 마음이 그렇게 편안할 수가 없다.

(1992)

대숲에는 바람이

또 한 해가 간다. 가슴에 사랑의 봄기운이 스민 새해가 열린다. 가는 해를 보내는 아쉬움과 새해를 맞는 설레임이 교차하는 세모의 서실에서 나는 먹을 갈면서 감회에 젖는다.

화선지를 앞에 놓고 붓을 드니 불현듯 대나무를 치고 싶어진다. 먹물을 풀어 담묵으로 줄기를 힘차게 쳐 올린다. 그 물이 마르기 전에 재빨리 농묵을 찍어 마디를 긋는다. 그리고 계속 농묵으로 잎을 친다. 경쾌한 삐침으로 굵고 가늘게 길고 짧게. 다시 담묵으로 잎을 치며 원근법을 나타낸다.

세한歲寒의 마음을 나타내고 있는 대나무는 서리와 눈 속에서도 그 절개를 고치지 않는다. 특히 겨울의 상징인 대나무는 곧기가 군자의 기개 그것이다. 그리고 대나무는 온갖 꽃들과 아름다움을 겨누지 않는다. 오로지 곧은 줄기와 푸른 잎새 만으로 꽃을 능가하는 아름다움을 지니고 있기 때문이다.

대나무는 준엄한 남성상이다. 빈 대 속처럼 마음에 아무 거리낌이 없는 당당한 남자. 시끄러운 세상사에도 초연한 자세로 아는 것을 함부로 드러내지 않는 무게 있는 남자. 나는 대나무의 곧은 줄기와 잎을 치면서 이러한 남성상을 떠올린다.

화선지 위에 수묵의 농담으로 펼쳐진 대나무의 운치를 바라보고 있으니 난곡蘭谷 스승의 모습이 아른거린다. 남이 알아주기를 바라지 않고 대처럼 곧게 살다 가신 인품. 평생 중국의 판교板橋의 난죽을 연구하신 한국의 판교 같은 분이시다. 글씨 이전에 사람이 되어야 한다는 말씀이 지금 대 줄기에 묻어나 되살아난다.

한 폭의 그림은 한 편의 시다. 책상 위에 수북하게 쌓인 대나무들이 서로 만나 시의 숲을 이루고 있다. 잎새 사이 여백에서 살랑살랑 맑은 바람이 일어난다. 오직 침묵만으로 끝없는 사색의 반추를 낳게 하는 여백의 미. 이 여백에서 불어오는 바람이 추억을 몰고 온다. 강릉 오죽헌 뒤뜰에 무성한 검은 대나무밭의 기억도 새롭다. 가녀린 수죽瘦竹의 야무진 대줄기를 보았을 때 율곡 같은 대 유학자를 키워 낸 강인한 신사임당의 입김이 서려 있다고 느꼈다.

그리고 대만 여행 때 대중에서 일월담으로 가는 길 양쪽에 빽빽한 왕죽림王竹林을 잊을 수 없다. 12월이었는데 포인세치아가 여기저기 타는 듯 붉게 피어 있던 대밭. 중국 8경의 하나인 소상 양강은 반죽斑竹이 유명하다고 들었는데 이곳도 대륙을 연상시켜 주는 수려함이었다.

그러나 가장 내 뇌리에 강하게 남아 지워지지 않는 대숲이 있다. 길가는 나그네 발길을 멈추게 하던 일본의 대나무. 일본은 습한 기후 탓인지 곳곳에 대나무가 많이 눈에 띄었다.

녹음 일색이던 6월의 고도 가마꾸라鎌倉. 한 면이 바다에 접하고 삼 면이 산에 둘러싸인 이곳은 골짜기 사이에 생긴 마을이어서 천혜의 자연 환경으로 옛부터 별장지로 널리 이용되었다고.

모여든 관광객 틈에 끼어 이곳의 상징인 가마꾸라대불大佛과 유서 깊은 문학관을 돌아보고 우리는 숙소인 향풍원香風園으로 발길을 재촉했다. 마치 심산의 산장 같은 이곳은 가와바다川端康成가 「천우학千羽鶴」을 집필한 곳으로도 유명했다.

푸른 나무로 뒤덮인 문을 들어서니 유황 냄새가 물씬 풍겼다. 관천온천이 바로 대문 옆 자연의 지형을 살린 동굴 속에 있기 때문이다. 어디서 계곡물 흐르는 소리가 들리는 정원은 온통 대나무들로 가득했다. 전통적인 일본식 건물의 이층 다다미방에서 나는 친구와 녹차를 마시며 피로를 풀었다.

나를 놀라게 한 것은 다음날 새벽이었다. 똑같은 풍경도 언제 어디서 누구와 보았느냐에 따라 느낌이 다르다. 새벽 비 내리는 소리에 잠을 깬 나는 몽롱한 꿈결에 창호지 문을 조용히 열었다. 바로 눈앞 가득 푸른 대숲이 펼쳐지고 있지 않는

가. 겹치고 겹친 잎새들이 이슬비를 맞으며 흐느끼듯 떨고 있었다. 잎에서 잎으로 떨어지는 녹즙 같은 물방울. 풋풋 살아서 하늘을 향해 설 것 같은 잎새들. 바람이 불 때마다 잎새들은 밀어를 나누는 듯 살랑대고 있었다.

객창에서 새벽잠을 빼앗은 대숲의 정취에 나는 넋을 잃었다. 대나무 향기가 들어오기에는 창문이 너무 작았다. 하룻밤 묵고 가는 나그네의 마음에 천년의 아취를 담아 주던 대숲의 비경. 언제까지라도 그대로만 있고 싶었던 청한淸閑함이였다.

지금 서창書窓에 홀로 앉아 대숲의 추억을 떠올리니 그지없이 마음이 맑아 온다. '흉유성죽胸有成竹' 소식蘇軾은 대나무를 치기 전에 먼저 가슴 속에 완성한 대가 있어야 한다고 했다. 나는 추억에서 뽑아 올린 대나무를 가슴 속에 심어 본다.

과연 나는 어떠한 대를 가슴 속에 완성할 수 있을까. 언젠가는 나도 판교와 난곡 같은 필치로 화선지 전장에 대숲을 옮기고 싶다. 그 대숲에는 바람이 머물며 가득 향을 피울것이다.

(1992)

벼루 앞에서

벼루 앞에 앉아서 뚜껑을 연다. 타원형 위쪽에 조각되어 있는 매화나무를 어루만진다. 옛 고향집 대문 옆에 있던 매화나무는 눈속의 한기에도 꽃을 피웠었지. 그 나무 아래를 서성거렸던 사춘기시절이 떠오른다. 그때 아버지의 기침소리가 들려오면 왜그리 가슴이 두근거렸는지.

그때 매화나무 가지에 앉은 눈을 털어주기도 했지만 실은 우체함 속의 편지와 그림을 기다린 것이다. 어떻게 아셨는지 아버지께서는 이러한 나를 꼭 불러내어 먹을 갈게 하셨다. 인자하셨지만 과묵하신 아버지의 명령은 서릿발이었다. 나는 얼마동안 멍하니 나를 옛날로 밀어내는 그 촉감을 즐겼다.

작년 내 손에 들어온 단계연端溪硯, 붓을 들면서 그렇게도 갖고 싶었던 벼루였다. 많은 서예가들이 소장하는 문방사우

가운데 가장 바라는 것이 있다면 양질의 벼루이다. 그래서 예부터 단계연은 모든 서가들의 선망의 대상이었다.

십여 년 전 대만에 갔을 때 꼭 이 벼루를 구해서 먼저 아버지께 선물을 하고 싶었다. 가는 곳마다 눈에 띄긴 했으나 망설일 수밖에 없었던 것은 우선 값이 비싼데다가 운반하기 힘든 무게 때문이었다.

그 후 수시로 인사동 필방을 드나들기도 하고 벼루 전시회가 있을 때마다 찾아갔지만 눈요기만 할 뿐 그 값에 놀라 그저 그림안의 떡일 뿐이었다. 중국에 갔을 때도 북경의 인사동이라 불리는 유리창거리의 가게들을 기웃거렸지만 뜻을 이루지 못하고 말았다.

그런데 한중수교가 이루어진 이래로 중국과 교역이 자유스러워져 중국산 서예용품이 많이 들어오고 있다. 그래서 단계연 하나를 손에 넣을 수 있게 되었다.

연력硏歷 천삼백 오십여 년의 단계연은 길상의 상징으로 알려져 그 신비를 능가할만한 벼루는 없다고 전해진다. 원석은 중국 광동성에 위치한 조경肇慶시의 서강 지류인 단계강 주변, 단계마을을 둘러싼 난아산 일대에서 채취한 자연 휘귀석이다.

돌빛은 적, 흑, 녹, 황색 계통으로 당나라 초기, 한 어부에 의해 발견되었다는 노갱老坑은 가장 으뜸인데 이미 폐갱되어 버렸다고. 그러나 아직도 물 속에서 캐내는 노갱은 최상의 품질로 몇 백만 원을 호가하고 있다. 그 다음이 마자갱麻仔坑으로 우리나라에 들어오는 것은 주로 이 돌이라 한다.

붉은 빛이 도는 마자갱 단계연. 아무리 보아도 신비스러워 다시 어루만져 본다. 입김을 불어넣어보니 수분이 맺히며 매화나무가 살아난다. 단계연의 석질은 조각하기에 적당한 강도여서 공예미술의 바탕이 되고 있어 단지 벼루로써만 아니라 미술 감각을 감상할 수 있는 예술품으로도 그 가치가 높다.

벼루에 물을 따른다. 도량이 넓은 어머니의 가슴 같은 벼루면을 적시니 먹을 쥔 손이 슬슬 잘 나간다. 아버지의 무언의 교훈이 배어 있음인가. 먹을 갈 때면 마음이 차분히 가라앉는 것은. 벼루와 먹의 마찰에서 이루어지는 먹빛의 오묘한 변화를 주도하는 것은 손이 아니고 바로 마음이라는 것을 깨닫는다.

붓끝에 먹물을 적셔 일필휘지한다. 먹빛이 아주 자연스럽게 번져나간다. 비설천리飛雪千里 적설생광積雪生光. 지난번 겨울산에 올라 눈세계를 향해 절규하고 싶었던 것이 있었다.

어쩌면 그 옛날 매화나무 밑에서 응어리졌던 가슴 속을 이제야 쏟아버리고 싶었는지 모른다.

송재松齋라는 아호를 가진 아버지는 사업의 틈틈이 붓을 드셨다. 내가 탐냈던 아버지의 벼루는 6·25 난리에 없어져 버리고 그 후 사업도 기울어 모든 일을 정리하신 노경의 아버지는 포도원에 은거하셨다. 어느 날 내가 중학교 때 쓰던 조그만한 벼루에 먹을 가시던 아버지는 자작시를 행서로 풀어쓰시며 그

한 폭을 건네주셨다.

벼루를 마주 대하면 그리워지는 아버님. 사무치게 아버지가 그리워지는 나이에 이미 그 때의 아버지 나이가 된 지금 얼마든지 단계연을 사드릴 수 있는데 아버지는 이 세상에 계시지 않는다. 아버지의 주름진 얼굴이 먹물 위에 어린다.

소녀시절 내가 먹을 갈던 아버지의 벼루는 끝내 행방불명이 되어 내손에 들어오지 않았지만 내가 아끼는 이 벼루는 누가 갖고 싶어할까. 누구의 손으로 내 벼루의 손때는 겹쳐질까.

아이들은 다 자라서 타이프라이터, 컴퓨터, 워드프로세서를 두들기며 활자를 뽑아내느라 바빠 어머니의 벼루는 안전에도 없다. 내가 붓글씨를 쓰면서 비로소 아버지의 심정을 헤아릴 수 있는데 붓을 모르는 아이들이 내 마음을 얼마만큼이나 살펴볼 수 있을까.

내 주변에도 워드프로세서로 원고를 쓰는 사람이 늘고 있다. 나도 이 첨단의 기계를 익혀서 사용해 보고 싶지만 행여 먹을 가는 운치가 사라질까 염려되어 망설인다. 앞서가는 사람들 뒤꽁무니에서 벼루만 쓰다듬고 있으니 나는 백년이나 뒤져서 꾸벅꾸벅 졸고 있는 한심한 사람은 아닌지.

어느덧 햇살이 비켜가니 등 뒤로 오싹 한기가 스민다. 그러나 벼루 앞의 내 가슴은 마냥 훈훈하기만 하다.

(1992)

아아, 백두산

심양에서 장춘까지 340km의 길. 1931년 장춘을 신경이라는 이름으로 만주를 세운 일본군이 쳐들어왔다는 그 길이다. 유난히 흔들리는 버스는 자전거 탄 사람과 당나귀 몰고 가는 농부를 피하는 여유를 보여준다.

빨리 가자고 재촉해도 기사는 아랑곳없이 시속 60km 유지의 만만디 중국인이다. 그 느긋함은 버스 타이어가 펑크가 났는데도 여전하다. 스페어 타이어를 갈아 끼웠는데 또 펑크. 어이가 없는 우리는 조바심이 나는데 그는 가까운 수리집에 가서 튜브를 때우고 유유하게 핸들을 잡고 출발하였다.

그러자니 예정보다 1시간 이상이나 늦어 장춘역에 도착하니 연길행 밤 침대차는 이미 떠나고 없었다. 할 수 없이 이곳에서 저녁식사를 마친 일행들은 밤 12시. 길림횡단 연길까지 장장 7km의 강행군을 단행하기에 이르렀다.

타임머신을 타고 천여 년 전으로 돌아가 심야의 고구려 땅을 누빈다. 이곳은 서기 3년 황조가를 지은 유리왕부터 427년 장수왕의 평양천도까지 425년 동안의 우리 땅이었다. 사방이 산으로 둘러싸인 해발 1000m 고지의 산길.

서에서 동으로 하얼빈을 흐르는 송화강과 압록강 일대를 말달리던 고구려 무사들의 웅장한 기상이 살아있는 곳이다. 밤이 깊어가는데 잠을 뺏는 산길. 동이 트려는 무렵 서령고개에서 내리니 어디서 말발굽소리가 들려오는 것만 같았다.

서서히 열리는 새벽빛에 드러나는 산 모습에 압도당한다. 사방 어디를 둘러 봐도 한 여름의 울창한 초목들이 진초록 빛의 향연을 벌이고 있지 않은가. 녹림의 산비탈에 서서 심호흡을 하며 온몸체조를 했다. 지금까지 이보다 더 신선한 공기를 마셔본 일이 있었던가. 말끔히 피곤을 씻어주는 심산유곡의 정기가 서린 대기였다.

발해渤海의 수도였던 돈화시 한계령에 이르니 한글간판 위에 쏟아져 내리는 햇빛이 눈부셨다. 이곳은 조선족 자치구역이다. 「조선족 식당」이라고 쓴 한글 간판이 다정히 맞아주는 집에서 안방처럼 풀어져 아침을 먹었다. 따끈한 국수국물과 생두부의 맛. 그리고 삶은 찰옥수수를 씹으며 고국의 입맛을 되살린다.

연길까지 한인자치구역을 통과하면서 어깨를 펼 수 있었던 것은 우리 것과 만났기 때문이다. 오랫동안 중국문화 속에 숨쉬며 살아온 한국의 얼인 말과 글. 그리고 길가를 활보하는 여인들의 울긋불긋한 한복. 개울가에서 저고리 소매를 걷어 올린 처녀들이 휘두르는 빨래 방망이 등은 사라질 수 없는 우리의 값진 전통이 아닌가.

연길에 도착하여 점심을 먹은 우리들은 제각기 등산복 차림으로 백두산 정복의 길에 나섰다. 백두산까지 240km. 자동차 경주에 나선 선수처럼 또 버스에 몸을 실었다. 이 길은 비포장 길이어서 뛰어 넘어야 할 험한 장애물 경주가 시작되었다.

요철의 길. 다리가 끊어져 돌아가야 했고, 진흙구덩이에 차바퀴가 빠져 허우적거리기도 했다. 좌우로 장백산맥의 산줄기가 이어지고, 우로는 함경북도 남양읍이 지척에 있다는 이 길을 꿈처럼 달려간다.

자동차에 몸살을 앓고 있는 길은 연신 뿌연 먼지를 토해내고, 메마른 흙길 먼지가 안개처럼 피어났다. 흙먼지를 뒤집어 쓴 길가의 자작나무들이 하얗게 꽃이 핀 듯. 사방에 어둠이 깔리자 나무들은 더욱 하얗게 부각된다.

해발 800m. 하늘아래 첫 마을. 전설이 살아있는 이도백하에 도착한 것은 밤이 이슥해서였다. 우리 교포가 경영하는 식당에서 시장끼를 메운다. 고추장에 풋고추와 오이 상추를 먹으니 고향 맛이 되살아났다. 경상도가 고향이라는 주인 모녀의 환대가 음식 맛 보다 푸짐하여 흐뭇했다.

예약된 천지호텔에 도착 해보니 중국의 고위층 인사들이 투숙해서 방이 없다고. 기가 막혔다. 개방의 체제를 따르면서도 사회주의 체제만큼은 고수하려는 중국의 양면성이 드러나 보인다. 아니면 약삭빠른 상혼인 여행사의 농간인지 자주 선량한 여행자의 마음을 먹구름으로 덮어버린다.

수도꼭지에서 물도 나오지 않는 원시적인 여관에서 노숙을 면하고 깨어난 아침, 정원의 아름다운 미인송이 마음을 달래주었다. 아침을 먹고 다시 버스에 올라타 백두산을 향한다. 흰구름이 거치는 아침의 영산을 바라보며 오직 한 마음 천지 맑은 물만을 볼 수 있도록 기도드린다.

그러나 백두산 가는 길이 이다지도 멀고 험하단 말인가. 또 버스 타이어에 돌이 끼어 그것을 빼느라 30분 기다려야만 했다. 그리고 백두산 입구에 도달하니 설상가상 지금 산정에서 등반대회의 행사의식을 거행중이니 기다려야 한다는 것이다.

사람들이 꼭 하고 싶은 일에는 마가 끼는 법인가. 목적달성할 때가지는 무슨 일이 있어도 참고 기다려야 하자니 속이 부글부글 끓었다.

드디어 4인승 짚차로 갈아타 백두산 정상을 행해 달렸다. 구절양장 같은 길을 젊은 기사는 곡예 하듯 핸들을 돌린다. 귀가 멍멍해지는 것을 보아 높이를 짐작했다. 차에서 내리니 세찬 바람에 몸이 날아가듯 했다.

불모의 흙자갈로 덮힌 산정, 간혹 미세한 풀꽃이 보이긴 했지만 돌과 바위뿐인 가파른 길을 미끄러지며 올라가니 숨이 차오른다. 드디어 백두산 정상이 눈앞에 펼쳐졌다. 안간힘으로 마지막 오른발 한발을 왼발에 모아 산꼭대기에 우뚝 섰다.

아아, 백두산.

해발 2744m, 동경128도, 북위 42도가 교차하는 곳에 나는 지금 서 있는 것이다. 그리고 바라본다. 맑은 천지물을. 한 장의 커다란 거울 같은 호면은 주위의 산 그림자와 구름이 어리어 신비함을 더해 준다.

그런데 불어오는 강풍에 순식간에 안개구름이 물위를 덮는 것이 아닌가. 그리고 조금 후에 또 바람이 불어 안개를 걷어내자 푸른 호면이 다시 드러났다. 여기저기서 탄식과 함께 환성이 터지며 셔터를 누르는 소리 요란했다.

나는 더 아래로 내려가 천지 맑은 물 앞에 바짝 다가섰다. 시리도록 차가운 물이 차츰 내 가슴으로 흘러 들어온다. 영혼을 행구고 새로워지고 싶다. 순수한 마음으로 누구의 진실한 본심에 가까이 다가서서 함께 울고 싶은 순간이다.

뒤는 깍은 듯한 바위벽이다. 점점 마음의 눈까지도 트이고 있어 가슴 후련했다. 오랜 염원을 풀었지만, 그러나 고개를 드는 또 하나의 염원, 그것은 통일된 우리나라에서 장백산이 아닌 백두산에 올라가 천지를 바라보는 일이다.

(1993)

가람 선생과 아버지

어제밤, 가람선생의 수필 '풍란風蘭'을 읽었기 때문일까. 그 수필 속에 아버지 성함 석자가 나와 있어 만나뵌거나 다름 없었다.

그전부터 애독하여 온 작품이지만 어제 배달된 계간지 '창작수필' 14호를 펼쳐보니 초대수필 1번으로 이 작품이 실려있어 얼마나 반가운지. 문장 구절구절마다에서 가람선생과 아버지의 숨결이 되살아나고 있어 읽으면 읽을수록 깊은 맛이 우러나는 수필이다.

전주 양사재養士齋에 기거하실 때 선생께서는 제주도에서 아버지高京善가 가지고 온 풍란을 선물 받으시고 정성껏 가꾸셨다. 서예의 대가 추사선생이 한묵연翰墨緣이 있다고 했듯이 난연蘭緣이 있고 난복이 있음을 자랑하시면서 무척이나 풍란을 보물인 양 소중하게 아끼셨던 모습이 훤하게 드러나 있는 작품이다.

얼마나 흠뻑 정을 쏟으셨는지 애지중지 키운 풍란이 드디어 흰꽃을 벌기에 이르렀다. 꽃이 활짝 핀 날 잠에서 깨어난 선생은 그 향에 취하여 등불을 켜고 노트에 시 한수를 적으셨다.

잎이 빳빳하고 오히려 영롱하다
썩은 향나무 껍질에 옥 같은 뿌리를 서려두고
청량한 물기를 머금고 바람으로 사노니

꽃은 하이하고도 여린 자연빛이다.
높고 조촐한 그 품이며 그 향을
숲 속에 숨어 있어도 아는 이는 아노리

거실 창문을 여니 아침 햇살이 따사롭다. 베란다에서 미소 짓는 난분 몇 개가 나를 반기는 아침. 난잎을 닦으며 이 시를 음미해본다. 두 분의 짙은 정분이 난향으로 퍼져가니 눈시울이 젖어온다. 풍란 한촉으로 맺어진 우정이 한 편의 수필로 승화되어 오랜 세월이 흐른 지금 내 가슴을 울리니 명작은 언제 읽어도 난처럼 향기롭다.

난을 바라보고 있으니 소녀시절의 정원이 떠오른다. 나에게 문학의 꿈을 꾸게했던 세계. 아버지의 정성이 스며있는 넓은 정원에 가득한 정원수와 화초들은 계절이 바뀔 때마다 아름다운 변화를 주었다. 특히 난에 대한 애정이 대단하셔서 뜰 입구에는 수십종에 이르는 난분이 가지런히 놓여 있었다.

그 중 꽃이 핀 난초분을 사랑방에 들여다 놓은 아버지는 꼭 가람선생을 모셔왔다. 두 분이 마주앉아 꽃향기 속에서 매실주를 나누며 세상 돌아가는 얘기로 꽃을 피우셨다. 매실주 한 주전자를 비우고 더 청하실 때쯤이면 홍이 오른 두 분께서는 목청을 돋우고 시조를 읊으시곤 하셨다.

가람선생의 텁텁한 목소리가 아버지 목소리보다 커서 언제나 튀어나왔지만 듣기 싫지 않은 2중창이었다. 겸손하신 아버지는 손 윗분에 대한 예의로 뒷전에 물러나 계시는 것 같았다.

내가 꿈꾸는 문학은 무엇인가. 사람은 어떻게 살아가야 하는가. 꿈도 많고 하고싶은 것도 많아 방황했던 시절. 난처럼 고고하게 살아야 한다던 두 분의 말씀만이 시조의 창과 함께 내 귓전에 남아 나를 깨운곤 했다.

지금 가고 안계신 두 분의 목소리를 되살리며 난같은 삶이 무엇인가 다시금 곰곰이 생각해 본다. 그렇게도 하고 싶던 많은 일을 잠재우고 문학의 길을 조용히 걸어온 나의 삶을 난과 이어보고 싶은 아침이다.

화려하게 꾸민 큰 집보다 두실와옥斗室蝸屋이라도 고서 몇 권과 난 두어 분, 그리고 그 사이 술이나 한병 두었다면 삼공三公을 바꾸지 않는다고 하신 선생의 삶이 바로 난 같은 삶이 아닌가.

한국시조에 중흥적中興的 공로를 끼친 선생은 우리 시조시단의 거벽이시다. 시조의 고루한 구투를 타파하여 새로운 주제, 형태, 표현의 자유를 추구, 시조자체의 부흥과 시조가 현대시와 맞서기 위한 과감한 시도를 한 분이다. 많은 명시조 외에도 방향 짙은 수필과 논문 저서들을 남기고 평생을 난같이 사셨다.

고서화 감상을 즐기시던 아버지는 이름 석자 드러내지 않으시고 사랑방에서 조용히 한시를 지으시고 붓글씨를 쓰셨다. 사업에서 이룩한 재물을 육영사업에 기꺼이 헌납하시고 항상 불우한 사람들 편에 서서 베푸시던 아버지. 이렇게 자녀들에게 무언의 교훈을 남기신 아버지의 인품이 난향보다 진하게 풍겨나고 있다.

빵은 육체나 기를 따름이지만 난은 정신을 기른다고 하신 가람선생의 말씀은 바로 아버지의 말씀이 아니던가. 지금까지 살아오는 동안 나를 일깨워준 말씀이 내 주위를 돌아보게 한다.

오늘 아침의 난향은 더욱 짙게 가슴으로 스미며 나를 놓아주지 않는다. 내 곁에 난분이 있는 한 문학은 영원하고 가람선생과 아버지는 도란도란 이야기를 나누시며 지척에 계시는 것만 같다.

(1994)

빛과 그림자

화창한 봄날이 계속되는 요즈음 나는 새삼 빛의 충만감에 젖어 살고 있다. 내가 몸담아 있는 인사동 동일빌딩의 낡은 건물이 창문을 대거 갈아끼우는 작업을 마친 것이다. 그래서 구식 창문이 투명한 대형 유리창으로 탈바꿈했다.

서실 구석구석을 속속들이 비추어주는 햇빛. 단계연端溪硯 위에 양각陽刻된 매화가 방실 웃는 듯하고 푸드득 하고 새가 날아갈 것만 같다. 붓걸이에 걸린 크고 작은 붓들의 가지런한 털들이 살아 있는 듯 반짝거린다. 책상 위 화선지에서 이는 먼지까지도 환하게 드러내주는 햇빛은 내 마음의 잡티까지도 들추어 말끔히 쓸어버린다.

공간 가득 두루 퍼지는 햇빛은 모든 물체에 그림자를 드리우고 있지 않는가. 창가의 난초와 프리지어 꽃들이 파란 책상

보 위에 운치있는 묵화를 그리고 있다. 그리고 책·필통·연적·먹·물컵에 이르기까지 지는 그림자. 햇빛이 강하면 그림자도 선명하다. 태양의 움직임에 따라 그림자의 모양은 변하면서 시간의 흐름을 알려준다.

나는 이따금 작품을 구상하고 붓을 들어 작업에 몰입하다 보면 시간가는 줄도 모르고 밤을 맞이할 때가 있다. 어느덧 햇빛이 달빛으로 바뀐 서실에서 붓을 든 채 은은한 달빛 속에 빠져드는 나를 발견하다.

빛은 빛이되 햇빛과는 다르게 내 가슴 언저리를 적시는 신비의 월광. 대낮 햇빛이 내 육체를 감싸고 두루 퍼졌다면 밤의 달빛은 내 영혼으로 스며드는 오묘한 빛이다. 내가 진실로 나이게 하는 빛.

죽은 듯 고요한 온 누리. 창문을 통해 잔잔하게 은빛으로 물결지는 빛과 그림자. 그 빛에는 달무리로 하여 미묘한 음영이 깃들어 있다. 먹물에 어리는 달빛은 내 기억 하나를 들추어 낸다.

은빛으로 얼어붙었던 호수가에 외롭게 서 있던 나목 한그루. 그 가라앉은 침묵의 풍경이 아련히 떠오르며 마음을 더 진정 시킨다. 내 고독과 아픔의 시간 속에서 순간을 영원하게 하던 그 물빛은 엎드려 용서를 빌고 싶은 한량없는 관용의 달빛이 아니던가.

나는 문득 두 빛을 하나로 합쳐보고 싶어졌다. 지상에서 우러러보는 해[日]와 달[月]의 상형문자象形文字를 써본다. 서예술의 한자는 모든 물체의 모양을 본떠서 만든 문자가 아닌가.

하늘의 해와 달을 합쳐보니 밝을 명明자가 되었다. 이세상 천지간에 혁혁赫赫한 태양과 교교皎皎한 달빛의 조화야말로 참으로 밝다고 할 수 있을 것이다. 얼마나 환하게 눈앞이 밝아오는 문자인지 모른다. 우주만물을 이루는 양과 음, 동과 정의 만남이 아닌가.

밝다는 것은 단순히 환한 것이 아니라 그 저쪽에 있는 것도 밝히는 빛을 말하는 것이리라. 서로가 자기의 독특한 빛으로 상대를 밝혀주기 때문에 이 세상에서 가장 밝은 빛이 되는 것이다. 햇빛에 의해 달이 자신을 밝히면서 은빛으로 우리를 비추는 것처럼 우리들도 해와 달의 빛을 받고 있는 각자 자신들이 이미 빛이 되어 있는 것이 아닐까.

햇빛은 남자상이고 달빛은 여자상이라고 생각해 본다. 한 남자의 빛은 또 한 여자의 빛과 만날 때 비로소 새로운 빛으로 밝아진다. 독특한 자기 빛으로 상대를 비추기 때문에 더욱 밝아지는 것이리라.

우리가 서로 사랑한다는 것은 자기 자신 뿐 아니라 상대의 신비한 빛을 발견하는 것이 아닌가. 인간의 정신적 시력으로 그 사람의 다른 것이 보일 때 사랑은 피어나고 새로운 세계는 열리는 것이다. 그래서 우리가 빛을 낸다는 것은 바로 사랑의 실천이다. 우리는 서로 사랑의 빛을 받아 변화되지 않고서는 참된 사랑이라고 할 수 없을 것이다.

우리 삶에 있어서 사람이 밝다는 것은 바로 건강하다는 뜻일 것이다. 육체가 건강하면 정신도 건강하며 그 건강 속에 사랑의 감정도 풍부해지는 것이 아닐까.

나는 지금까지 달빛 같은 여자의 삶이었을까 하고 돌아본다. 깜깜한 밤하늘을 비추는 은은한 아내의 빛, 어머니의 빛이었을까 하고. 남편 병실을 지킬 때 내 깊숙한 내부에서 끌어올려 남편에게 쏟아 부었던 빛. 그 빛은 태양의 방사放射를 받아 반사反射하는 달빛 같은 것이었다. 그것은 평생을 남편이 비쳐준 태양 같은 사랑의 빛으로 하여 그 반응으로 다시 되돌려주는 빛이었음을 뼈저리에 느꼈다.

두 삶을 하나로 해서 살아가는 부부의 빛에서 이루어지는 그림자는 바로 자녀들이다. 빛이 강 할 때 그림자가 선명하듯이 밝은 부모 밑에 그림자 된 아이들은 착하고 건강하게 자랄 수 있다. 모성본능도 은은한 달빛 같은 것이다. 항상 내 그림자 되어 따르는 아이들을 볼 때마다 나는 더 밝아야 하는 빛임을 깨닫는다.

밝을 명明자처럼 이 세상을 밝고 건강하게 살고 싶은 것은 모든 사람의 바람일 것이다. 부모를 따르는 선명한 그림자인 자녀들을 갖는것도 모든 부모들의 염원일 것이다. 빛과 그림자. 그것은 떨어질래야 떨어질 수 없는 영원히 공존하는 인연이다. (1994)

아! 어머니

아침 머리를 빗고 일어서려는데 거울 속에 얼핏 어머니 얼굴이 아른거렸다. '아! 어머니' 하고 다시 주저앉아 거울 속을 자세히 들여다보았다. 어머니께서 세상을 떠나신 지 20년이 흘러가버린 지금, 내 얼굴에서 어머니 얼굴을 엿본 것이다. 가슴 언저리가 싸하게 아려왔다.

"너도 금방 늙는다. 웃어른께 섭섭하게 하지 마라."

팽팽했던 젊은 딸에게 입버릇처럼 말씀하시던 어머니의 낮은 목소리가 들려오는 것만 같다. 한계가 있는 인간의 삶에서 젊다는 것이 육체적으로는 싱싱하고 아름답지만 정신적으로 얼마나 어리석었던가. 그때 나는 그 어느 쪽도 느끼지 못한 채 다만 호수 위에 뜬 푸른 잎새처럼 맴돌며 평생을 그렇게 사는 줄만 알았다. 이제 어쩔 수 없이 퇴색해버린 내 얼굴 너머로 정겹던 어머니를 그려본다.

개화기에 태어난 근대여성이면서도 조선조 여인의 삶을 사신 어머니. 배우지 못한 것이 평생의 한이었지만 오로지 삼종지덕의 삶에 충실한 분이었다. 지식이 부족해도 항상 마음을 어질고 선하게 가지면 만사가 형통한다는 것이 어머니의 확고한 생활신조信條였다.

종갓집 맏며느리인 어머니는 집안의 대소사에 허리가 휘어져라 일만 하셨다. 숙모와 고모들은 방안에서 할머니와 환담하면서 편한 일을 하는데 어머니는 궂은 일을 도맡아하면서도 불평 한 마디 없었다. 우물에서 부엌으로 부리나케 다니시며 아궁이에 장작을 지피고 커다란 무쇠 솥뚜껑을 열었다 닫았다 하시며 음식을 장만하느라 비지땀을 흘리시던 어머니.

이것이 항상 불만인 나는 어머니 뒤를 졸졸 따라다니며 땀을 닦아드리고 좀 쉬시라고 성화를 부렸다. 모녀간을 잇는 보이지 않는 줄이 작용한 것일까. 그것이 무엇인지 잘 몰랐지만 큰딸인 나는 한없이 어머니가 측은하게만 느껴져 어서 커서 어머니 오른팔이 되어야겠다고 마음먹었다.

어머니는 또 인정이 남달라 어려운 친척들에게 방을 내어주고 일자리를 만들어 주시기도 했다. 이웃에게도 온정을 베풀고 행상을 하는 젊은 부부의 아이도 맡아 업어주고 거지가 오면 그냥 보내는 일이 없었다. 어떤 대가나 칭찬을 받자는 것이 아니라 천성이 그러하여 주위에서 부처님처럼 너그럽다는 말을 많이 들었다. 이러한 어머니가 참으로 자랑스러웠다.

밥이 하늘이던 그 어려웠던 일제시대, 어머니는 일경의 눈을 피해 나뭇단 속에 암暗쌀을 숨겨 가지고 10리 밤길을 걸어 오셔서 우리 형제를 먹이셨다. 쑥쑥 자라는 우리들을 보시고 나보다 나은 세상을 살 수 있으리라는 희망 속에 삶의 보람을 느끼셨던 것이다.

고희를 넘으면서 고혈압 증세가 악화되어 몸이 불편한 어머니는 아버지를 그림자처럼 따라다니며 의지하셨다. 함께 삼각산 기도원에도 가시고 교회에 나가 나란히 앉아서 목사님 설교를 들으셨다. 이렇게 두 분은 진정한 위로의 원천이신 하나님 품 안에서 노경의 외로움과 아픔을 더불어 달래셨던 것이다.

이 세상에서 남남으로 만나 동고동락하는 부부의 해로는 얼마나 아름다운가. 그러나 어찌 쉬우랴. 젊은 날의 패기와 열정만으로 그 아름다움은 이루어지지 않는다는 것을 보여주신 부모님, 함께 불사른 세월이 길면 길수록 연민과 관용의 바탕은 용해되어 서로의 마음속으로 사랑이 되어 녹아 스며드는 것을. 부모님은 같은 뇌졸중을 앓으며 조화롭게 노화되어가는 한 쌍의 원앙이었다.

항상 아버지와 함께 하늘나라로 가는 것이 소원인 어머니. 어머니와 손을 맞잡고 기도를 올릴 때면 내 눈에서 뜨거운 눈물이 주체할 수 없이 쏟아져 내렸다. 회한悔恨의 눈물이었다. 어머니에게 큰딸인 나는 무엇인가. 어머니의 오른팔이 되겠다던 나는 살림하랴, 강의하랴, 글 쓰랴 정신없이 살면서 무슨 힘이 되었던가. 모녀의 보이지 않는 줄은 분명 어른이 되어도 이어지고 있는데 그것이 무엇인지 뚜렷이 알 수가 없었다.

그런데 그 줄이 무엇인지 보이기 시작한 것은 혼수상태에 빠진 어머니를 붙들고 기도를 올릴 때였다. 눈을 감아버린 어머니를 얼싸안고 몸부림치며 울부짖어도 숨만 몰아쉴 뿐 어머니는 아무 반응이 없었다.

그러나 기도는 영적 호흡인 것을. 어머니와의 영혼의 대화는 이루어져 비로소 우리를 잇는 무형의 줄을 발견하기에 이르렀다. 하나님 말씀이 어머니와 나의 가슴 속 깊은 중심에 자리하고 있어 우리 모녀는 강한 믿음의 줄로 이어져 있음을 깨달은 것이다.

창 밖에 봄볕이 화창한 3월 22일 아침, 아버님은 조용히 숨을 거두셨다. 형제들이 모여 임종예배를 드리고 어머니 머리맡에서 찬송가를 부르고 있는데 이게 웬일인가.

아! 어머니. 일주일 동안 감았던 눈을 번쩍 뜨신 어머니는 자손들을 일일이 둘러보시고는 이내 눈을 감고 아버지를 따라 하늘나라로 떠나 가셨다.

(1995)

반달

그날은 칠월 칠석 날이었는데 유난히 더워 밤늦도록 마당을 서성거렸다. 은하수를 가운데 두고 견우·직녀 두 별이 오작교에서 만난다는 날. 눈물이 비가 되어 내린다는데 밤하늘에는 반달만이 희미하게 떠있을 뿐 별은 보이지 않았다. 몽롱한 달무리 언저리에 옛 이야기들이 환상적으로 피어오르며 나를 자꾸만 옛날로 밀어냈다.

어머니의 얼레빗 같은 반달. 아침마다 경대 앞에서 쪽을 푸신 어머니는 반듯한 앞가르마 양쪽으로 길게 늘어뜨린 흑단 같은 머리를 빗으셨다. 숱 많은 어머니 머리결에 줄무늬처럼 성긴 빗살을 지며 내려가던 얼레빗. 뒤따라 나도 그 빗으로 단발머리를 빗으면 동백기름 냄새가 어머니 체취처럼 풍겼다. 그 시절이 달빛 속에 아련히 떠오른다.

반달을 얼레빗으로 표현한 기발한 발상은 바로 5백 년 전 천재 시인 황진이의 재치 넘치는 발상이다.

> 誰斷崑山玉 裁成織女梳
> 牽牛一去後 愁擲碧空虛
>
> 누가 곤륜산의 옥을 끊어서 직녀의 얼레빗을 만들었나.
> 칠월 칠석 님이 떠나고 시름처럼 푸른 하늘에 떠있네.

「반월半月」이라는 그의 오언율시가 달빛을 타고 내 가슴으로 흐른다. 더위에 지친 메마른 감성이 촉촉하게 젖어 온다. 나는 이 시를 애송한 나머지 붓글씨로 써서 벽에 걸어 두었다.

반달은 한 달에 두 번, 초승달이 차면서 또 보름달이 기울면서 이루어진다. 가득 채워지지도 않고 모자라지도 않은 중간 모양은 과불급過不及이 없는 중용지도를 말함이 아닌가. 둥근 원의 반쪽인 저 반달 모양이 어쩌면 황진이의 일생 같다고 느껴졌다.

인생 80 고래희로 볼 때 그는 40고개에서 삶을 마감했으니 꼭 인생의 반을 산 셈이다. 그의 출생과 죽음은 달무리처럼 신비의 베일에 가리워져 전설처럼 남아있을 뿐이다. 그에게는 언제 어떻게 태어났고 언제 어떻게 죽었느냐가 중요하지 않다. 다만 어떻게 살다가 어떠한 명시들을 남겼느냐가 더 중요하기 때문이다.

15세기 조선조 중종 시절, 그 당시 서녀로 태어난 그는 사회에서 소외된 관기녀에 불과한 신분이었다. 그러한 그가 과감하게 남성사회에 뛰어들어 젊음과 문학예술을 마음껏 꽃피운 삶을 누렸던 것이다. 당대 저명한 시인 묵객들과 자유롭게 교류하면서 연회석이나 풍류장에서 즉흥적으로 읊어낸 해타지시咳唾之詩들. 지금 시조 6수와 한시 7수가 남아 우리 심금을 울려준다.

그의 시조는 형식의 구속감을 벗어나서 수필 쓰듯 막힘없이 심정을 토로, 많은 사람의 공감을 얻고 있다. 그의 작품들은 특히 한시에 있어서 더욱 호방하고 웅장함을 보여주고 있다는 정평이다. 남성 중심의 논리를 흔들어 놓는 자유분방하고 솔직한 감정 표현의 시들은 규방문학과는 전혀 다른 느낌을 준다.

황진이는 용모가 빼어날 뿐 아니라 총명하여 서사書史에 정통하고 그녀와 더불어 송도 3절로 꼽힌 서경덕에 사숙, 당시唐詩를 전공한 재원이었다. 그래서 창작에 몰두, 세련되고 완숙한 언어 구사로 자유자재 예술적 재능을 십분 발휘하였다. 그 원동력은 자연과 인간에서 얻어 자연을 꿰뚫는 힘이 남성의 마음을 움직여 시 예술로 승화시킨 것이리라.

금강산에서 지리산까지 나약한 여자의 몸으로 편답하면서 산수에 놀며 시 창작에 전념한 그는 마음은 호탕한 남성이었다. 방방곡곡 깊은 산골짝까지 발 닿지 않는 곳이 없을 정도로 심취한 자연탐구는 인간탐구로 이어져 그의 천재적 문기文氣는 자연 갈고 닦여졌으리라.

특히 엄격한 가부장제의 규율에서 벗어난 적극적이고 자유분방한 의식 세계는 성의 해방을 부르짖기에 이르고 그 포괄적인 사유의 세계는 남성들과의 교류를 통해 그만의 독특한 시 세계를 완성시킬 수 있었다.

여성들의 생활 자체가 억압되어 자기 말과 글을 지니지 못한 채 살았던 봉건사회에서 그는 이렇게 당당하게 자기 언어를 통해 내적 욕망을 분출시켰던 것이다.

쾌락과 애수의 시인. 남과 여의 사랑 속에는 반드시 일종의 반역이 있다. 그 반역 속에는 전율 같은 쾌락과 함께 이별의 애수도 수반되리라.

님은 / 떠나고 / 시름처럼 / 푸른 하늘에 / 떠있네.

떠나간다는 것은 이별이고 죽음이다. 죽음의 응시, 죽음과의 대결에서 그토록 강한 정열이 솟구치는 것일까. 도통한 사람의 호수같이 깊은 명상 속에 침전되고 있는 것. 그의 욕망과 향락의 불길은 필경 죽음과의 마주침에서 발산됐다고 보아도 좋을 것이다.

그는 마음을 열어 남자를 대할 때 말의 가치를 발견, 스스로 발하는 말 한 마디 한 마디가 불꽃처럼 꽃잎처럼 춤추며 이야기했을 것이다. 이렇듯 그의 시에서 솟는 생명력은 사랑의 분출이다. 말은 사랑과 함께 태어났기 때문에 그 말 자체가 이미 생명이 되는 것이다. 그때 그 특유의 새로운 시어는 살아나고 그의 오성悟性은 피안을 내다보고 있었으리라. 죽음을 마주보고 죽음을 예상하면서 말에 생명을 부여했을 것이다. 진정한 시인은 말을 탄생시키고 죽는다. 작품의 완성이란 작가의 죽음이다. 죽음을 두려워하지 않고 창작되는 작품이야말로 참된 가치가 있는 것이 아닐까.

순수하게 쏟아 부은 삶에 대한 열정과 죽음에 대한 초연함으로 의지와 정회가 굽이치는 작품들. 그가 이처럼 정감 어린 시들을 남길 수 있었던 것은 슬기롭고 현명한 자유인으로 한껏 삶을 누렸기 때문일 것이다.

밤은 점점 깊어만 가고 반달은 어느덧 나뭇가지 저편으로 흘러가고 있다. 밝아올 내일을 향해서. 누구보다도 호화로웠던 반생이었지만 시름이 떠나지 않았던 그는 이 시에서도 반달이 시름처럼 푸른 하늘에 떠있다고 노래하고 있다.

반달에 있어 푸른 하늘은 무엇일까. 어둠이 아닌 밝음이고 그것은 영원으로 이어질 내일이 아니겠는가. 그래서 시인 황진이는 지금 저 반달 속에 살아나서 나를 비춰주고 있는 것이다.

(1995)

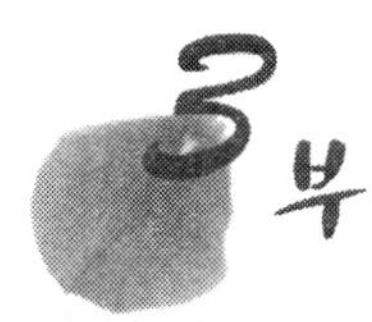

靑山에 살으리

푸른 계절, 여름이 되면 도심은 초록빛으로 무성한 가로수들이 하늘을 가린다. 바람이 머무는 나무 그늘을 걷는 마음이 한없이 상쾌하다. 눈부신 녹엽을 우러러보면 유년의 뜰로 달음질쳐 보고 싶어진다.

고향 전주의 녹지대, 우거진 아까시나무가 숲을 이루던 동네에서 태어난 나는 푸른 초원이 그대로 놀이터였다. 아버지를 따라 산책했던 완산 칠봉은 하늘을 찌르는 낙엽송이 빽빽하여 대낮에도 어둑어둑했다. 그리고 단오절이 되면 어머니와 함께 덕진공원의 삼나무 숲 속을 단발머리를 날리며 줄달음질 치기도 했다.

어린 꿈을 키워주던 생명수 같은 나무 숲. 지금까지도 내 기억 속의 푸른 숲 풍경은 유년기의 핵으로 남아 내 삶의 원동력이 되고 있다. 이 푸른 정기가 소녀 시절에 이르러서 문학의 싹을 트게 하는 실마리가 되었는지도 모른다.

우리나라 국토는 거의 반이 넘게 산악 지대로 산림 숲으로 덮여있다. 고궁은 고색창연하고 사찰이나 유적지 등은 숲으로 둘려 있어 그윽한 정취를 자아내준다. 사계절 산을 찾는 사람들의 발걸음이 끊이지 않는 곳. 옛부터 우리 조상들이 물려준 금수강산에서 후손들은 대대로 삶을 엮어가면서 오늘에 이르렀다.

산을 좋아한 나는 신혼 시절 남편과 함께 서울 근교의 산을 자주 찾아다녔다. 북한산. 백운대, 수락산, 관악산, 남산 등 나무숲 그늘에 앉아 젊음을 얘기하고 장래를 설계했다. 남한강과 북한강을 가르고 있는 양평의 용문산은 울창한 숲이 절경을 이루고 있어 더할 나위 없는 꿈의 보금자리였다.

세월이 갈수록 산을 찾는 횟수는 늘어만 갔다. 친구들과 여행을 떠나 푸른 숲 속을 거닐면서 일상의 짜증을 풀고 우정을 다졌던 시절. 속리산의 잣나무 숲과 내장산의 단풍나무 숲, 그리고 시원한 송림에 둘려 있는 불국사 주변은 여러 번 다녀온 곳이다. 또 멀리 가야산에 있는 해인사 둘레의 소나무 숲과 송광사의 참나무 숲, 노송으로 밀림을 이루고 있는 통도사를 돌아보며 생활의 활기를 되찾기도 했다.

또 문학 세미나를 다니면서도 많은 숲과 만났다. 가야산맥이 나누어진 곳, 안면도의 울울창창하던 천혜의 소나무 숲에 매료되었던 일, 원주의 치악산 휴양림에서 한여름의 비지땀이 말끔히 사라지던 일, 선운사의 동백나무 숲 앞에서 한참 발을 멈추고 빨려 들어갔던 일들이 오래 잊혀지지 않는다. 계룡산 기슭 울창한 수림 속에 묻혀있던 동학사, 잣나무 숲에 어울려 있던 마곡사, 그리고 부소산에 올라 뻐꾸기 울음을 들으면서 내려다보던 그윽한 소나무 숲 등. 이렇게 마주친 자연의 푸른 정기는 내 가슴에도 푸른 나무를 한 그루 한 그루 심어 숲으로 자라게 했다.

숲은 땅에 뿌리 내린 나무들이 사이좋게 어울려서 더불어 살아가는 공간이다. 숲 속에 파묻히면 나는 어찌 그리 왜소한지 성자 같은 나무 앞에서 무릎을 꿇고 싶어진다. 크게 심호흡하면 나무의 숨소리도 들리고 마음이 서로 이어지고 있음을 느낀다. 나무가 뿜어내는 피톤치드라는 향기에 심신이 맑아져 마음은 한없이 안정된다. 대자연 속에서 함께 숨쉬는 같은 생명체인 사람과 나무, 그러한 숲 속에 머물고 싶은 마음은 어떤 깨달음으로 거듭나고 싶기 때문이리라.

청산은 절로절로 녹수도 절로절로
산 절로 수 절로 산수간에 나도 절로
그 중에 절로 자란 몸이 늙기도 절로절로 하리라

하서 김인후의 시조를 비롯하여 우리 옛 시가에는 청산을 노래한 것들이 많이 있다. '살어리 살어리랏다. 청산에 살어리랏다'의 고려속요 「청산별곡」에 이어 퇴계의 '청산은 어찌하여 만고에 푸르르며'와 송강의 '청산의 부흰 빗발 그엇디 날 소기간' 황진이의 '청산은 내 뜻이오 녹수는 님의 정이' 나옹선사의 '청산은 나를 보고 말없이 살라하고' 등. 그밖에 매월당과 우암, 고운, 야은, 송순도 자연에 파묻혀 우리를 감동케 하는 많은 시를 남겼다.

이 시들은 그들 한 사람의 목소리가 아닌 온 겨레의 숨결로 선인들이 얼마나 청산을 사랑하며 인생을 살았는가를 잘 나타내준다. 이렇듯 청산은 한국인의 영원한 고향이 아니던가.

그런데 갈수록 우리 국토는 무분별한 개발로 생명의 숲이 몸살을 앓고 있다. 청산과 더불어 살아온 민족, 우리가 조상으로부터 물려받은 청산을 더 푸르게 가꾸어 나간다면 '청산에 살으리' 노래는 대대로 끊이질 않을 것이다.

(1996)

解氷期

4월의 나이아가라 폭포는 울고 있었다. 하얗게 부서지는 폭포수는 바람에 날리는 휘장처럼 강으로 쏟아져 내리는데 강물에는 바위 같은 얼음덩어리가 좌우로 몸부림치며 통곡하고 있었다.

폭포수와 얼음덩어리의 만남. 이 둘은 같은 물의 속성을 지녔음에도 하나가 될 수 없다. 물은 물대로, 얼음은 얼음대로 제각기 자기주장을 하고 있으니 말이다. 물과 얼음은 융화될 수 없는 운명인가.

그 광경을 바라보면서 나는 한 생각에 잠기고 있었다. 어떤 변화를 꿈꾸는 마음이 떠오른 것이다. 변화란 얼마나 신선한 놀라움인가, 예술 혼을 불사르는 인간의 의욕과 원수마저도 용서하는 뜨거운 사랑은 이 세상 모든 것을 변화시킬 수 있다.

절실하게 변화가 필요할 때임을 느낀다. 사람들의 마음에도, 글쓰기에도.

의욕과 사랑은 인간의 순수한 욕망과 본능이다. 살아 있는 한 우리 가슴에서 끊임없이 용솟음치는 이 물줄기는 마치 뇌우의 강타 같은 폭포수로 얼음덩어리를 부숴버려야 한다. 그리하여 도도하게 강물을 이루며 모든 것을 감싸 안고 흘러가야 한다.

눈을 들어 사방을 바라보니 자연풍광이 참으로 신비스럽다. 위대한 조물주의 섭리로 가득 찬 온 누리, 금방 비가 내릴 것 같은 하늘에는 연회색 구름이 환상적으로 흘러가고 발가벗은 나뭇가지 끝자락이 아지랑이 피듯 가물가물하다. 가지 끝에 잉태된 푸른 싹이 움트려는가. 뿌연 안개처럼 아른거린다.

어디선가 봄이 다가오는 소리가 들리는 것 같다. 겨울에서 봄으로 오는 길목에서 마음의 눈을 크게 떠본다. 보이지 않는 것을 찾아보고 싶은 내 눈에 겨울에 볼 수 없었던 것이 비치기 시작했다. 흑백 풍경에 색칠을 해보니 푸른 잎 무성한 그 여백에는 노도의 꿈틀거림이 마치 초서체草書體인 양 비상하고 있는 듯. 끝없는 상상력은 나를 이 세상 끝까지 밀고 가렴인가. 겨울자락이 걷히려는 대자연, 캐나다와 미국의 국경지대에서 물씬 풍기는 이국정취에 취해본다.

드디어 진눈깨비와 함께 빗방울이 떨어지기 시작했다. 쌀쌀한 강바람이 가슴으로 파고든다. 설레이는 마음이 어린아이처럼 자꾸 떨리는 것은 추워서만은 아니다. 나도 모르게 눈물이 솟아났기 때문이다. 오직 저 얼음덩어리를 녹이고 싶은 마음이 뜨겁게 달아올랐다.

인간은 누구나 언젠가는 이 세상을 떠나간다. 그런데 사람들은 그것을 의식하지 못하고 살아가고 있다. 저 얼음덩어리도 지금 조금씩 녹아들면서 마침내 물이 된다. 그러나 그 변화를 모르고 서로 으르렁거리고만 있다. 이 세상 모든 것이 변화되어 가면서도 그 사실을 모른 채 모두가 내일을 모르는 오늘을 살고 있다.

삶과 죽음, 사랑과 미움, 동과 정, 양과 음, 물과 얼음. 어쩌면 이 대립은 극과 극이면서 언젠가는 하나로 융화되는 것이 아닐까. 그것은 시간만이 해결해 줄 것이다. 아픔을 참고 견디며 기다리는 시간만이 대립을 허물고 사랑으로 침전된 앙금이 농익어 흘러갈 것이다.

우리는 살아가는 동안 이 폭포수처럼 오직 한 사람에게 애정을 쏟아 붓는다. 이 한 사람 때문에 우리는 얼마나 사색하고 고뇌하며 많은 글을 썼던가. 그것이 휴지가 되어 사라진다 해도 쓰고 버리고 또 썼다. 먹고 살기 위함이 아니고 도리어 먹고 살기에는 방해가 되었을 글쓰기를 그저 쓰고 싶은 의욕 하나로 멈추지 않았다. 이 모두가 종국에는 나를 살리는 한 사람 때문이다. 인간은 죽을 때까지 애정에 목마른 갈대가 아니던가. 오직 내가 찾고 싶은 한 사람, 그것은 바로 진실이다. 그래서 살아 있는 동안 이 진실을 위하여 모든 작가는 글쓰기를 포기하지 못하는 것이다.

밤낮으로 부서져 내리는 저 폭포수처럼 한 가지 생각에 몰입하여 내 살을 깎으며 무엇인가 쓰지 않고는 못 배기는 글쓰기, 우리 가슴에 타오르는 열정 없이 한 편의 글은 태어나지 않는다. 얼음이 녹는 계절 앞에서 인간과 글쓰기 생각에 잠긴 나는 내 가슴에 응어리진 증오심이 조금씩 풀어지고 있음을 느꼈다. 영국의 시인 매슈 아놀드의 자연관 앞에 굴복해본다.

'인간은 자연이 가진 모든 것을 가지고 있고 그 이상을 가지고 있음을 알라. 그 이상의 가짐 속에는 모든 인간의 선한 희망이 들어 있다.' 시인은 '자연과 조화'라는 시에서 덧붙이기를 자연은 변덕을 부리지만 인간은 안식을 구하고 온유하고 또 양심은 편안함으로 축복받는다고 했다.

나의 선한 희망은 바로 변화가 아닌가. 변화한다는 것은 새 사람이 되는 것이고 어제의 나를 이기고 안식을 얻는 일이다. 그것이 나의 축복의 삶이다. 시간을 참고 기다릴 줄 아는 사람은 현명하다. 때가 오면 저 얼음은 녹아 물과 하나가 될 것이고 내 뜨거운 사랑은 그 인간을 용서하고 한 편의 글을 완성시킬 수 있을 것이다.

그때 저 하늘에는 오색 무지개가 뜨리라.

(1997)

바람 속에서

2월의 바닷바람은 맹수처럼 포효하고 있다. 태풍 속에서 내 작은 몸은 휘청거린다. 매서운 바람은 머리칼을 날리고 내 몸 속으로 파고든다.

안개 낀 뿌연 바다 위로는 회색 하늘이 내려앉고 멀리에는 오륙도가 가물가물하다. 태양은 어디로 숨어버렸는지 공중에서 회오리치는 바람만이 밀물처럼 덮쳐와 눈을 뜰 수가 없다. 다만 열려 있는 귀로 해음이 가득 들려올 뿐이다.

이곳은 부산, 영도의 동남단에 있는 시민공원이다. 더 안으로 들어가면 신라 태종 무열왕이 산책했다는 태종대가 있다.

그 입구 녹지대에 오늘 새로 문학비 하나가 세워진다. 수필가 김소운 선생의 문학비 제막식에 우리문학기림회 회원들이 한 자리에 모인 것이다.

> 이곳 영도에서 태어난 김소운은 「목근통신」등 주옥 같은 명수필을 남겼다. 그리고 한국의 많은 문학작품들을 그 탁월한 일본어로 번역 우리 민족의 서정을 널리 알렸으며 특히 『조선시집』은 최고 걸작품으로 평가받고 있다.

바다를 향해 서 있는 문학비는 바람 속에서도 작가의 의지만큼이나 의연하다. 오석烏石에 새겨진 흰 글씨는 내가 종이 위에 쓴 붓글씨보다 더 선명하게 돋보였다.

둘레의 소나무와 동백나무 몇 그루가 운치를 더해준다. 바람이 일 때마다 뚝하고 떨어지는 동백꽃이 피를 토하듯 땅에 뒹군다. 나는 그 꽃들을 주워 비석 앞에 놓았다. 비석이 웃는 것만 같다.

> 그대 위하여 목 놓아 울던 청춘이 이 꽃 되어 천년 푸른 하늘 아래 소리없이 피었나니

불현듯 청마 유치환 선생의 시 「동백꽃」이 떠오르자 조금 전에 다녀온 에덴 공원이 눈앞에 열린다.

잡초와 나목이 우거진 사이로 바람만이 세차게 불어대는 언덕에 청마시비는 쓸쓸히 서 있었다. 오랜 풍상 속에 낡은 비면에 희미하게 남은 시 「깃발」을 읽고 돌아섰다.

생각해 보니 두 분은 나란히 1908년생 경남 출신으로 파란

의 생애를 산 풍운아들이 아니신가. 청마는 평양으로 만주로 방랑하다 늦게 귀향하여 교직생활을 했다. 그리고 1968년에 불의의 사고로 타계했다.

소운도 표박의 나그네로 현해탄을 건너다니다가 10여 년이나 일본에 발이 묶여 있었다. 1965년에야 귀국, 수필 창작에 몰두하다 1983년에 작고했다.

생전에 두 분은 우정이 두터워 소운은 청마의 시를 일역, 『조선시집』에 수록하여 일본에 널리 소개했다.

"만년필 가졌나?" 눈이 펑펑 쏟아지는 기차 역두. 영하 40도가 넘는 북만주로 돌아간다는 청마를 배웅하던 날, 소운은 아끼던 고급 만년필을 청마 손에 쥐어주고 말없이 돌아섰다.

그리고 『외투』라는 수필을 썼다.

> 만년필은 외투도 방한구도 아니건만 그때 내 심정으로는 내가 입은 외투 한 벌을 청마에게 입혀 보낸다는 그런 기분이었다.

청마는 혹한의 이역 땅에서 이 만년필로 하여 얼마나 따뜻한 겨울을 보냈을까.

지금 소운의 따뜻한 인정이 훈훈하게 가슴을 적신다. 모든 예술의 근간은 인생에 대한 사랑이며 그중에서도 수필은 '사랑'이라는 밑거름 없이는 피어나지 않는 꽃이라고 『수필의 눈』에서 밝혔듯이 소운은 평생 사랑을 실천하며 글을 쓰고 사신 분이다.

바람 속에서 두 분의 명작과 함께 살아나는 영혼의 생명을 느낀다. 바람은 그리움인가. 이 세상에서 못다한 사랑이 오늘은 그리운 바람이 되어 태종대에서 에덴공원으로 불며 메아리진다. 영혼의 대화를 이으면서.

바람은 또 세월 같은 것. 눈에 보이지 않는, 형체도 없는 신비한 흐름이다.

바람아 불어라. 오늘은 바람불어 좋은 날이다.

(1997)

몽당연필

안방 책상 위에는 내가 즐겨 사용하는 볼펜들 속에 몽당연필 하나가 끼어 있다. 새끼손가락만한 앙증스런 모양을 볼 때마다 나는 미소를 머금는다. 아직 윤기가 남아있는 6각의 빨간 몸체에는 하얗게 음각된 영문글씨가 석 줄로 선명하게 드러나 있다.

HARVARD UNIVERSITY.
ART MUSEUMS.
CAMBRIDGE MASSACHUSETTS.

이 하찮은 작은 것이 지금 나에게 연필로서의 기능보다 어떤 기념품 같은 존재로 추억을 몰고 온다. 연필을 잡고 있으면 큰아들의 얼굴이 떠오르고 함께 거닐던 하버드대학 캠퍼스와 박물관이 눈앞에 펼쳐지는 것이다. 소중한 추억들을 들춰내 주는 빨간 몽당연필.

보스턴의 4월은 퍽 따사로웠다. 하얀 벚꽃 가로수가 이국 정취를 물씬 풍겨주는 고전적 분위기의 시가지를 지나 우리는 하버드대학을 찾았다. 대학건물은 생각보다 그다지 크지 않았지만 무엇인가 압도당하는 위엄을 느꼈다. 아들이 다니는 로스쿨을 돌아보고 세계 제일의 도서관과 메머리얼교회를 둘러본 다음 대학박물관으로 들어섰다.

이곳에는 고대 아세아 미술부터 현대미술까지 다양한 시기의 미술품이 소장되어 있어 눈길을 끌었다. 특히 유럽과 미국의 유명한 작가들의 작품들을 접하니 꿈만 같았다. 나는 습관적으로 볼펜을 들고 작가명, 연대, 국적 등을 메모하기 시작했다. 어느 나라, 어느 시대에 살았던 작가의 삶과 작품이 어떻게 이어지고 있는지를 살피는 것은 매우 흥미롭다.

19세기 화가인 호머, 휘슬러, 시젠트의 그림 앞에서는 생소해서 주춤거렸지만 20세기 화가인 모네, 샤갈, 피카소 등과 독일 인상파 그림 등 앞에서는 낯익은 화풍이 반가워 볼펜의 움직임이 빨라졌다.

점점 작품 감상에 빠져들 무렵 나를 향한 시선을 예민하게 느낀 나는 그쪽을 바라보았다. 안내석에 앉아있던 흑인청년이 유심히 나를 바라보고 있지 않는가. 나이 든 동양여인이 열심히 무엇인가 적는 모습을 가상하게 여긴 것일까.

계속 내 뒤를 따라오던 그 청년이 드디어 내 앞으로 다가와 조심스럽게 무엇인가를 내밀었다. 몽당연필이었다. 볼펜 대신 이 연필을 쓰라고 하며 웃으며 사라졌다. 순간 당황한 나는 허겁지겁 볼펜을 핸드백 속에 집어넣고 그 연필로 메모를 계속했다.

왜일까 하고 곰곰이 생각해 보았다. 볼펜을 손에 들고 있으면 무심결에 작품에 스쳐 잉크를 묻힐 수도 있다. 연필은 지울 수 있지만 잉크는 지워지지 않는다. 이렇게 세심한 주의로 철저하게 작품 관리를 하는 그들의 예술품 사랑에 감탄하지 않을 수 없었다. 미국과 우리나라와의 먼 거리는 비단 태평양을 사이에 둔 지리적 거리뿐이 아님을 절감했다.

몽당연필. 얼마나 많은 사람들의 손을 거쳐 몽당거리며 나에게로 온 것일까.

이 연필과의 인연을 소중히 여기며 보스턴 여행에서 얻은 가장 값진 선물로 고이 간직하고 있다.

(1997)

여름 편지

– 딸에게

여름은 불꽃같은 열정이 솟구치는 젊음의 계절이다. 작열하는 태양이 불의에 물들지 않은 올곧은 생명력으로 온 누리를 달구면 푸른 잎새들은 더욱 진초록으로 번득이고 오곡백과는 속살 채우기에 바쁘다.

이 여름을 참으로 위대하다고 말한 시인 릴케가 떠오른다. 그리고 바슈라르는 여름은 꽃다발의 계절이라고 말했다.

> 여름은 하나의 꽃다발, 시들 줄 모르는 영원한 꽃다발이다. 왜냐하면 그것은 언제나 자기 상징의 청춘을 취하기 때문이다. 그것은 아주 새롭고 아주 신선한 봉헌물이다.

그러나 여름은 우리네 삶처럼 불안한 색조가 스며있는 계절이기도 하다. 빛과 그림자 처럼 상극된 폭염과 폭풍우가 서로 시샘하듯 변덕을 부린다. 숨 막히는 불볕더위가 기승을 부리는가 하면, 벼락, 천둥, 번개까지 뒤섞인 기습폭우가 삽시간에 땅 위를 휩쓸어버린다. 이러한 여름을 이겨내는 사람들은 천재지변을 슬기롭게 헤쳐나가는 지혜를 얻으며 더 강해지는 것이 아닐까.

경京아.

생각하면 가슴이 뭉클해지는 우리의 여름, 버팔로의 그 뜨겁던 여름이 떠오르는구나. 섭씨 30도를 웃도는 더위가 기승을 부리던 8월 초순, 장장 16시간의 비행 끝에 다다른 버팔로의 하늘은 눈 부시는 비취빛이었다. 낯선 하늘 아래 잠시 서서 네가 혼자 겪고 있을 진통을 생각하니 내 온몸이 조여드는 느낌이었다. 너는 첫 딸에 이어 또 한여름에 땀으로 해산의 고통을 씻는구나.

정묘년 토끼해에 순박하고 지혜로운 토끼 같은 아들을 낳은 너는 참으로 대견하고 장하다. 득남 축하의 꽃다발과 카드가 놓인 탁자 위에 쏟아져 내리던 한여름의 햇살은 하늘이 내리신 축복의 세례였다. 갓난애를 목욕시킬 때 반듯한 용모에서 그 성품을 읽으며 장차 네게 큰 힘이 될 아들임을 예감했다. 그 예감은 바로 우리의 간절한 소망이었지.

이른 아침, 살며시 일어나 미역을 씻어 홍합을 넣고 국을 안쳐 밖으로 나오면 파란 잔디밭이 어찌 그리 시원한지. 저만치 우거진 숲 속에서 지저귀는 새소리를 들으며 맑은 대기를 들이마시면 미역국 냄새가 은은하게 풍겨왔다. 한국의 여인네가 해산하고 먹는 미역국이 외국에서 이렇게 향기롭다는 것을 처음 알았구나.

뽀얗게 우러난 미역국에 밥 한 그릇을 거뜬히 비우고 땀에 흥건히 젖은 네 몸을 주물러 주면서 "기운 내라, 부니 건강해야 한다."고 몇 번이나 되뇌이며 기도했단다. 그 옛날, 너를 낳았을 때 할머님께서 그렇게 해주신 것처럼 말이다. 그러면서 첫 손자를 얻은 기쁨도 만끽했었지. 할머니, 어머니, 딸, 손녀로 고리처럼 이어지는 여자의 생명은 출산할 때마다 더욱 강하게 거듭났다.

우리가 흘렸던 그 여름의 땀방울을 말끔히 씻어주던 나이아가라 폭포수를 잊을 수가 없구나. 미 대륙의 국경을 넘어 캐나다에서 바라본 폭포의 장관은 지금도 가슴에서 요동을 친다. 자연의 불가사의. 수직으로 내리꽂히는 폭포수를 삼키며 유유히 흐르던 강물, 그 위를 떠가는 뱃머리에 서서 쏟아지는 비폭이 뇌우처럼 영혼의 정수리를 강타할 때 얼마나 통쾌했는지 입에서 저절로 탄성이 터지고 말았다. 그리고 새하얗게 피어오른 물안개 너머 하늘에 활처럼 휘던 칠색 무지개. 소원과 사랑을 잇는 가교에서 우리의 가슴은 용서와 화해로 용해되어 한껏 넓게 펼 수 있었지.

京아.

여자의 진정한 행복은 무엇일까. 네게만은 최상의 복된 삶을 안겨주고 싶었는데 그 삶은 어떤 것일까. 지금까지 살아오면서 내가 조금은 행복을 느낄 수 있었던 것은 올망졸망 세 아이를 키우며 먹을 갈고 원고지를 메꾸며 내 일에 전념할 때였다. 아무도 채워주지 않던 마음 한구석이 은연중 채워졌으니까. 어둠에서 빛으로 날개를 파닥거리며 빛을 향하여 날면서 스스로 빛이 되고자 안간힘을 썼던 시간들. 젊었기 때문이었다. 그래서 남매를 안고 귀국한 너에게 미루었던 박사 과정을 마치도록 적극 권유했었지. 모든 일에 끝을 맺지 못한다는 것은 시작하지 않은 것만도 못하기 때문이다.

한 곳을 파면 생수가 나오듯, 하면 된다는 신념으로 밀고 나가 획득한 박사 학위. 『채만식 소설의 언술 구조 연구』의 논문 쓰기로 밤낮 매어달린 네 노고가 헛되지 않았음이 그저 감사할 뿐이다. 그리고 용인, 인천, 청주 등 지방대학 강의를 맡아 뛰어다니는 네 힘겨운 삶을 지켜보며 젊은 힘은 바위라도 뚫을 수 있다고 믿었다.

문은 두드리는 자에게 열린다고 했다. 땀과 고뇌없이 어떻게 인생의 값진 향취를 얻을 수 있으랴. 네 교수 임용의 서류를 갖추고 너는 M전문대학으로, 나는 군산의 K대학으로 각각 접수시키고 기다리던 나날들. 나는 새벽기도회에 나가 절대자 앞에 무릎을 꿇고 간절히 간구했다. 이 세상에서 내가 어미로서 딸에게 해줄 수 있는 최상의 것이 무엇인가 생각에 잠기면서.

불휘기픈 남ᄀᆞᆫ ᄇᆞᄅᆞ매 아니뮐ᄊᆡ 곶됴코 여름하ᄂᆞ니
(根深之木 風亦不扤 有灼其花 有蕡其實)

하나님 축복이 소나기가 되어 퍼붓던 날의 감격을 잊을 수가 없구나. 너의 M전문대학의 신임교수 임용 통보를 받고 용솟음 치는 기쁨 속에 나는 자꾸만 떨리는 손으로 먹을 갈았다. 그리고 붓을 들어 용비어천가 제 2장을 써내려 갔다. 말로 다 하지 못하고 글로 다 쓰지 못하는 사랑을 붓끝에 쏟으면서. 네 이름 석 자 위에 소담素潭이라는 아호를 얹어보았다. 질박한 흰 소素자, 깊은 여울물 담潭자. 깊고 깊은 여울물 속처럼 질박하게 학문의 길을 걸어가라는 어미의 간절한 소망인 것이다.

위대한 여름, 시들 줄 모르는 영원한 꽃다발 같은 여름을 한껏 살고 있는 딸 京아! 부디 강하고 담대하게 앞으로의 삶을 개척하며 정진해다오.

(1997)

노천 카페

자꾸만 퍼내어도 고이는 땅 속 물처럼 사람의 마음속에는 마르지 않는 샘물이 있다. 쏟아내도 넘실대는 나만의 이야기. 내가 가지고 있는 전부를 함께 나누어 가지고 싶은 사람을 만나기 전에는 가라앉지 않는 갈망의 샘물이다.

내 자신 속에 진실 되고 본질적인 알맹이가 앙금으로 가라앉아 있는 샘물. 누가 길어 올려줄 것인가. 묵은 껍질을 깨고 새살이 돋는 아픔을 감당하며 침체의 늪에서 벗어나 혹독한 시련을 이길 수 있게 해줄 사람. 행복은 신기루처럼 멀리 있는 것이 아니고 바로 눈앞에 있다고 범사에 감사를 느끼게 해 줄 사람. 그런 사람과 노천 카페에서 마주 앉고 싶다.

샛노란 들국화가 눈부시게 흐드러지던 어느 가을날, 나에게 특별한 휴식공간이 주어졌다. 흰구름 흐르는 하늘 우러르면

헤르만 헤세의 시와 수채화가 아른거리고 나무와 꽃 사이로 잠자리가 날으며 노랑나비가 하늘거리는 환상적인 공간. 군데군데 놓여있는 조형물들이 운치를 더해주는 가람미술관의 노천카페가 꿈처럼 펼쳐져 있었다. 야외무대에는 색소폰 연주가 끝났는데 그 선율이 아직도 은은히 스며들어 있는 듯했다.

설록차 찻잔 위에 내려앉은 하늘을 한 모금 마시니 하늘을 닮고 싶어지는 것일까. 마음속 깊숙이에 도사리고 있는 비밀, 근심, 공포, 동경 그리고 죄의식을 간직하고 있는 방문이 시나브로 열리기 시작했다. 목까지 차 오른 이야기를 다 털어놓고 마음의 평정을 얻고만 싶다. 대화란 서로가 자기 자신을 있는 그대로 주고받는 신뢰의 다리가 아닌가. 그 신뢰감을 회복시켜주는 대화를 통해 나는 국화 향기 속에서 잃어버린 나를 찾는 기쁨을 한껏 누렸다.

탁 트인 하늘 우러르며 나무와 꽃과 바람의 향기 속에서 사색에 잠기는 노천카페. 그곳에 매혹되는 것은 원점으로 회귀하려는 인간의 본능으로 고향을 느끼고 싶은 마음에서인지 모른다. 또 인간은 미래지향적이며 위를 바라보는 존재로 만들어졌기 때문일지도.

그 옛날 아카시아나무 아래서 어머니 품에 안겨 포만감으로 바라보았던 하늘이 내 잠재의식 속에 자리했음인가. 그러기에 소녀 시절, 정원에 나가서 하늘을 기웃거리며 밥을 먹던 버릇이 어른이 되어서도 곧잘 목련나무 아래서 음식 먹기를 즐겼는

지도 모른다. 유럽여행에서 나를 유혹하던 멋진 노천카페를 그냥 지나쳐버린 아쉬움이 지금 마음 한 구석에 남아있다.

세월은 자꾸 가는데 나는 누구이며, 왜 사는가. 진정한 삶의 의미가 무엇인지 자칫 회의에 빠지려는 요즈음이다. 마라톤 선수처럼 쉬지 않고 달려온 세월은 10년을 몇 바퀴 돌았는가. '인생 칠십 고래희人生七十古來稀' 어머니는 이 고개를 넘으시면서 큰딸인 나에게 살아온 이야기를 들려주셨다.

우수수 낙엽 지는 뜨락, 어머니 머리를 가지런히 단발시켜 드리면 가위 밑에서 잘려나간 은발이 낙엽 위에 흩어지던 날. "점점 눈이 침침해지는구나!" 하시며 까칠한 손등으로 눈을 비비며 후유 한숨을 내쉬던 어머니. 그 허한 가슴에서 새어나오는 바람 소리를 나는 들었다. "알아요. 어머니 마음 잘 알아요." 따끈한 인삼차 한 잔 들고 나와 어머니 냉가슴 데워드리면 어째서 그 곱던 어머니도 세월을 이기지 못하고 노쇠해 가는가에 대한 연민으로 가슴이 메워왔다. 참아도 자꾸 솟는 눈물을 속으로만 고이게 하고 언젠가는 실컷 울어보리라, 자꾸 하늘만 쳐다보았다.

날이 갈수록 낙엽처럼 쌓이는 나의 이야기가 끝이 없다. 겨울이 다가와 눈이 내리기 전에 쓸어 내버려야 할 이야기들. 누구에겐가 털어놓고 싶다, 노천카페에서.

(1998)

386세대

편지와 함께 수필집, 시집, 문학잡지 등 심심치 않게 배달되는 편지함 속에 오늘은 특별한 책이 들어 있었다. "도시와 공동체", 하얀 하드 커버에 도시 풍경 사진이 이채로운 연구 서적은 막내아들이 지어 보낸 것이다.

묵직한 책을 들고 가슴에 대본다. 온몸으로 기쁨이 번져난다. 그 옛날 갓난 아들을 안았을 때처럼.

책을 펴보니 책머리에 이 책을 쓰게 된 동기와 끝 부분에 아버님, 어머님께 사랑을 전하고 싶다고 씌어 있다. 가슴이 뜨거워진다. 어느새 성인이 된 아들은 이 한 권의 책으로 붉은 카네이션보다 진한 향기를 내 가슴에 풍겨주지 않은가.

한 장 한 장 넘기는 책장 속에 아들의 오른손이 아른거렸다. '타는 목마름으로 민주주의여 만세!'를 부르며 돌을 움켜쥐고 어디론지 사정없이 던져버리고는 허공에 휘두르던 손. 지금 책갈피마다에 그 돌들이 날아와 박히고, 아들의 고뇌와 절규가 언어가 되어 되살아났다.

시대의 어둠을 넘어 오늘 세상의 중심으로 나온 한국의 주력인 386세대. 그들은 30대 나이에 80년대 학번으로 60년대 출생의 젊은이들이다. 그들의 어머니들은 8·15 광복을 맞던 소녀가 꽃다운 나이가 되어 6·25를 이겨냈고, 4·19와 5·16을 겪으면서 자녀를 낳고 키우며 오늘에 이른 653세대들이다.

수는 원형原型이라고 칼 융이 말했듯이, 역사적 사건의 기록인 연대와 월일의 숫자가 그 당시의 근본이념과 정신이 되어 우리 뇌리에 뿌리 박혀 지워지지 않고 있다.

숫자란 매우 묘한 것이어서 아무 개성도 없는 기호에 불과한 386이라는 숫자가 어느 날 신문지상에 기획 취재된 후부터 아들을 상징하는 신비한 숫자로 드러나 나를 사로잡았다.

1980년대 신군부 정권 아래 대학에 들어갔던 아들 형제의 나이가 벌써 37세와 35세로 접어들고 있다. 억압적 분위기 속에 대학생활을 보내며 좌절과 상실의 아픔을 이겨냈던 주인공들. 그 뜨거운 열정으로 변혁의 세상을 꿈꾸며 고뇌하던 그들은 동시에 6·29와 88올림픽 등을 거치며 민주화로 고속 성장의 성취감도 맛본 세대이기도 하다.

이 세상 모든 어버이들은 아들딸 잘 키워 대학 관문을 뚫고 나면 일단 한시름 놓는다. 악전고투 끝에 잡은 공을 골대에

집어넣고 잠시 승리감을 맛보는 농구 선수처럼. 그러나 대학 4년이 살얼음 딛는 긴 세월처럼 느꼈던 것은 비단 나 혼자만이 아니었을 것이다. 아들이 지향하는 저 높은 곳을 바라보기만 할 뿐 그 패기를 긍정적으로 평가하면서도 과격한 행동을 제지하는 용기가 필요했던 시절, 나는 어머니로서 능력의 한계를 뼈저리게 느끼지 않을 수 없었다.

법학부를 마친 큰아들은 곧바로 사시 공부에 몰입했다. 매일 내 정성이 담긴 도시락 두 개를 들고 집 가까운 연세대학 도서관에 나갔다. 하루 종일 책과 씨름하다 집에 돌아오면 또 묵묵히 책상 앞에 앉았다. 이런 아들에게 아무 말이 필요 없었던 나는 먹 갈던 손을 놓고 밤참으로 영양식을 만들어주기도 하고, 건강을 염려하여 어깨를 주물러 주고 쉬게 하는 일이 우선이었다.

경제학부 재학중인 작은아들은 형과는 달랐다. 어디를 쏘다녔는지 바지와 신발은 흙투성인 채 늘 불만스런 얼굴로 투덜거리기 일쑤였다. 저녁을 먹을 때도 갑자기 큰소리로 올바르게 살자고 주먹으로 식탁을 치며 식구들을 놀라게 했다. 그럴 때마다 나는 지금의 투지와 정의감을 졸업 후 학문으로 성취하라고 타일렀다.

어둡고 우울했던 회색빛 캠퍼스가 흑백영화의 낡은 필름처럼 떠오른다. 무장 사복 경찰관에 끌려가는 친구들을 보고 격분한 학생들과 전투경찰과의 싸움은 시작되었다.

최루탄을 쏘고 곤봉을 휘두르며 맹수처럼 달려드는 긴박한 상황에서 학생들이 돌과 화염병을 움켜쥔 것은 조건반사적이었다. 반항, 투신, 분신, 정의에 불타는 젊은 혈기를 그 누구도 잠재울 수 없었다.

격전이 끝난 연세대학교 앞길, 어지럽게 널린 벽돌조각과 돌멩이, 화염병 조각, 최루탄 탄피 속을 코를 막고 눈물을 흘리며 지나가던 나는 아들들을 생각했다. 이 소요 속에서 제대로 공부가 됐을까. 교문 옆 담 밑에 주저앉아 통곡하고 있는 어떤 어머니를 붙들고 함께 실컷 울고 싶었다.

386세대의 어머니들은 누구나 기억할 것이다. 돌을 들고 던졌건, 구경만 했건, 도서관에 앉아 아예 외면했건, 그들은 격한 시위문화의 기억에서 아무도 자유로울 수가 없었다는 것을. 궁핍한 시대의 꿈으로 치부하기에는 너무나도 무거운 기억들이다.

그 무렵이었다. 막내아들의 뒤를 사복형사가 그림자처럼 따라다닌 것은. 운동권 핵심인 과 친구와 구로구청 방화범인 단짝 친구의 행방을 찾기 위함이었다. 그때 박종철 고문 치사사건이 터져 술렁이고 있었기 때문에 나는 잠시도 마음을 놓을 수가 없었다.

그 후로 아들은 방에 틀어박혀 책 읽기에 빠져들고 컴퓨터에 매달리는 날이 많아졌다. 그리고 용돈을 모아 빵, 주스를 사들고 구속된 친구를 찾아다니고 광주 망월동 묘지를 다녀오

기도 했다.

불안과 초조한 나날이 이어지는 가운에 아들 앞에 큰 시련이 닥쳤다. 큰아들이 사법고시에서 고배를 마셨고, 작은아들은 학사 징계를 받은 것이다. 이 충격으로 실의에 빠졌지만 나는 두 아들의 실추를 사회 불안의 원인으로 돌렸다. 진정한 가능성은 반드시 전화되어 현실성이 될 수 있다고 믿었기에 위로와 격려로 아들을 감싸주었다. 힘을 얻은 아들들도 이를 악물고 이 역경을 재기의 밑거름으로 삼아 이겨낼 수 있었다.

앞서거니 뒤서거니 목표한 과정을 이룩한 두 아들은 군복무를 마친 후 적성에 맞는 일을 찾아나섰다. 그리고 짝을 만나 한 가장으로 살면서 지금은 제각기 자기 분야에서 열심히 일하고 있다.

밤 10시가 넘어야 귀가한다면서 아들한테서 안부 전화가 걸려온다. 각각 변호사 사무실과 울산대학 연구실에서. '건강 조심하고 어서 집에 가 쉬어라' 하고 아들 목소리에 답하면서 내 마음은 항상 아들 곁에 머문다.

밤늦게까지 아들의 책이 나를 놓아주지 않는다. 책갈피마다에서 나를 일깨워주는 것이 있다. 지난 1980년대의 아들의 희망이 물거품으로 끝나지 않았음이 대견스러워 가슴 뿌듯하다.

(1999)

난蘭 향기 속에서

아침 햇살을 받고 문갑 위에 미소를 머금고 있는 청초한 난 잎을 바라본다. 세 잎이 한 촉을 이루고 다소곳이 뻗은 멋스러운 곡선의 단아한 난 잎새들, 꽃이 없어도 향기가 방 안 가득 풍겨나는 것 같다.

동양난의 멋은 잎의 곡선에 있다. 그 곡선이 바로 한국적인 미와 아우러진다. 우리 한복 치마의 나른한 선, 저고리 소매와 도련의 선, 버선 수눅 선과 고무신의 선들은 난잎의 곡선과 이어보고 싶은 한국적인 멋이 아닐까. 그것은 또 조선 백자항아리의 흐르는 듯한 곡선이라고 욕심 부려본다.

나는 난잎에서 여성의 아름다움을 찾는다. 풀먹인 모시치마 저고리를 단정히 입고 동백기름을 바른 검은 머리를 곱게 빗어 넘긴 날렵한 여인상을. 그리고 내면적인 부덕의 여심을 그 꽃에서 찾아본다. 활짝 핀 꽃을 보면 그 안으로 봉심棒心이란 꽃잎이 있는데 항상 감싸여져 있어 자기를 드러내 놓는 법이 없다. 이 되바라지지 않는 겸허의 미덕은 바로 이 민족의 여심이 아니겠는가.

풍우를 겪고 수난을 당해도 고고하게 뻗는 푸른 난잎, 쇠락의 나락에서 꿋꿋하게 살아남는 난의 절개, 난은 안으로 더 강인한 화초이다. 내가 이렇게 난을 즐기는 이유는 여름에도 버선을 신으셨던 시어머님의 정갈하신 모습이 꽃으로 피어나기 때문이다.

난은 3대가 한 분에 모여서 소리 없이 살고 있다. 나는 할아버지 할머니와 부모, 삼촌, 그리고 형제들의 대가족 속에서 성장했다. 그리고 시집 와서도 역시 시부모님 모시고 시고모님, 두 시누이와 3자녀의 식구들이 어울려 살았다. 그리고 근처에 사는 시 조카들이 수시로 들락거려 항상 시끌시끌하였다. 시어머님께서는 이러한 집안 분위기가 새 며느리에게 누累가 될까 봐 많은 신경을 쓰셨다.

시집살이의 뒤안길에서 겪어야 했던 뼈저린 세월의 조각들을 난분 앞에서 달래보곤 했던 시절. 때로는 세월의 상처로 남아 있는 말 못할 아픔을 난잎을 바라보며 위로받기도 했다. 그럴 때마다 난의 유향은 역경을 이기는 슬기를 묵묵히 가르쳐 주었던 것이다.

내가 지금까지 살아오면서 가장 어려웠던 시기는 시아버님께서 세상을 떠나시자, 시어머님이 뇌졸중으로 졸도하셨을 때였다. 불행히도 반신이 마비되어 일어서지 못하는 시어머님을 우리 부부는 백방으로 약을 써서 헌신적으로 간호하였다. 내 손을 꼭 잡고 눈물을 글썽이시며 나만을 의지하고 계신 시어머님을 대할 때마다 나는 최선을 다할 것을 약속드렸던 것이다.

대소변 시중에서 탕제와 침, 쑥뜸 등 한방치료는 물론 식사 시중까지 정성을 다 쏟았던 4년 남짓. 차츰 차도를 보이시던 시어머님께서 눈물겨운 투병이 끝나 기적적으로 일어나셨던 날을 지금도 잊을 수 없다. 발을 끌며 혼자서 화장실에 다녀오셔서 비틀거리며 참으로 오랜만에 경대 앞에 앉으신 시어머님. 빗을 들고 떨리는 오른손으로 머리를 빗으시며 쪽을 찌시던 날, 우리 고부간은 감격하여 그만 얼싸안고 울어버렸다.

평소 시어머님께서도 화초 가꾸시기를 퍽 즐기셨다. 내 생활이 점점 바빠져 밖에 있는 시간이 많아진 것을 이해하시고 손수 난초를 잘 보살펴 주셨다. 얌전하신 성품에 손끝이 깔끔하셔서 집안 구석구석이 항상 반들반들 윤이 났다. 그러한 시어머님 손길이 닿기만 하면 난초 잎마저도 신기하리만치 더욱 싱싱하게 살아나는 것이다.

매사에 성급하고 부실한 며느리의 허물을 덮어주시고 조용히 난을 가꾸어 주시던 시어머님, 그 깊은 정이 난을 대할 때면 살아나 더욱 가슴을 울린다. 4반세기를 함께 살아오면서 우리 고부간은 난 향기 속에서 서로가 얼마나 다소곳했던가.

나는 이제 난 기르기보다는 붓을 들어 난을 잘 치고 싶은 욕망으로 가득하다. 실경화법으로 실제의 난을 잘 관찰하고 자연에서 받아들이는 원리를 파악하면서 살아 숨쉬는 난을 치고 싶은 것이다.

그러나 무엇보다도 먼저 난 같은 고결한 인품을 길러야 한다는 스승의 가르침이 항상 나를 채찍질한다. 난잎 하나하나에 정심正心과 선禪하는 마음으로 스스로의 심회를 담아야 함을 늘 강조하셨다. 풍운표표, 흰구름이 흐르듯 속기 없이 허심탄회하게 무아의 경지에서 난을 쳐야 하는 것이 그 얼마나 어려운 경지인지 모른다.

추사 선생도 제석파난권題石坡蘭卷에서 사난최난寫蘭最難을 주장하지 않았던가. 그리고 난을 칠 때는 자기의 마음을 속여서는 안 되며, 기교가 아닌 고결한 인품만이 되는 것이라고 격을 앞세웠다.

나는 앞으로의 삶을 난처럼 살고 싶다. 그래서 살아 있는 난을 그대로 화폭에 담고 싶다. 고아한 기품의 난. 시어머님 같은 난을 가꾸면서 또 치리라. 거기에 내 삶의 향기를 더하리라.

(1999)

새싹 틀 무렵

얼어붙었던 겨울을 밀어내고 살며시 다가선 입춘, 우수도 지나 어느덧 경칩이다. 아직 쌀쌀한 꽃샘바람이 목언저리를 파고들지만 햇빛은 완연한 봄기운으로 어깨를 포근히 감싸안는다. 만물이 소생하는 생명의 계절이다.

'입학을 축하합니다' 현수막이 나부끼는 교문을 들어서니 넓은 운동장 위로 하늘이 탁 트인다. 학부형들에게 둘러싸인 꼬마 신입생들이 교장선생님의 훈시가 끝나자 제각기 병아리 떼처럼 종종걸음으로 담임선생을 따라 움직이고 있다. 어미 품을 떠나 처음으로 하늘을 나는 새처럼 설레는 몸짓들이다.

오늘은 3월 4일, 손녀 승연承延이가 연희초등학교에 입학하는 날이다. 운동장을 한 바퀴 돌며 손녀의 반을 찾아나선 나는 선생의 호명에 입을 커다랗게 벌리고 "네" 하고 대답하고 있는 손녀와 눈이 마주쳤다. 나를 보자 활짝 웃으며 손가락으로 V자를 만들어 흔들어댔다. 나는 카메라를 들이대고 렌즈 속에 웃고 있는 손녀의 얼굴을 찾았다.

가지런한 단발머리에 꽃핀을 꽂은 갸름한 얼굴. 유난히 반짝거리는 눈에 초점을 맞추어 셔터를 눌렀다. 앞으로 저 눈은 앎의 세계를 향해 얼마나 크게 열릴 것인가. 60년 전의 내 눈빛도 저러했을까.

일제하의 초등학교 입학식 날은 4월이었다. 활짝 핀 꽃이 온통 하늘을 가린 벚꽃나무 아래서 우리들은 손을 잡고 선생을 따라 “사꾸라, 사꾸라” 하고 노래 불렀다. 순수 추억에는 날짜가 없고 계절만이 있는 것일까. 눈부시게 화사한 꽃빛은 이상하게도 어린 마음을 공포감과 함께 얼마나 주눅들게 했는가. 가슴에 훈장처럼 창씨 개명한 이름표를 달고 그 아래 늘어뜨린 손수건으로 흘러나오는 콧물을 연신 훔치며 목청을 돋구고 불러대던 노래 ‘사꾸라’.

“우리들은 1학년 어서어서 모이자” 손녀의 낭랑한 노래 소리가 나를 먼 기억에서 돌아오게 했다. 짝인 개구쟁이 사내아이와 손을 잡고 열심히 유희를 하고 있는 모습이 앙증스럽다. 모두들 복숭아빛 얼굴로 단정히 옷을 입고 우는 아이도 코흘리개도 오줌싸개도 없는 세련된 어린이들이다. 그들은 모두 자유다. 내 땅에 당당하게 서서 우리말로 노래 부르는 자유. 축복 받은 새싹들이다.

속박된 부자유 속에서 자유를 갈망했던 시절, 우리는 매일 아침 일장기가 휘날리는 교정에서 '기미가요'를 불렀고 꼭두각시처럼 황국식민선서를 외쳐댔다. 신사참배를 강요당하며 내선일체, 미영격멸, 인고 단련의 테두리 속에서 우리들은 일제의 밀봉교육으로 만들어져 갔다. 우리말을 사용했다고 운동장을 열 바퀴 도는 벌을 받았을 때, 어제부터 굶었다는 순자는 급기야 비실비실 쓰러지고 말았다. '왜? 어째서?' 우리들의 의문은 하늘에 퍼지고 날로 골이 깊어갔지만 그것을 풀어줄 사람은 아무도 없었다.

우리 삶에서 누구나 한 번은 초등학생이 된다. 6년 과정의 첫발을 내딛는 일학년은 장차 무엇이 될 것인가 가늠하는 떡잎이다. 이제 유년의 옷을 벗고 10대의 대열에 끼게 되는 야릇한 기쁨도 맛보게 되는 여덟 살, 혼자서 무엇인가 할 수 있다는 꿈에 부푸는 시절이다. 손녀의 앞날을 그려보니 눈앞에 지난 격동의 세월이 또다시 펼쳐졌다.

며칠 전 예술의 전당에서 열리고 있는 '세기를 넘어서, 21세기 한민족 대항해 시대전'을 관람했는데 바로 내가 살아 온 세월이 거기 있었다. 1900년 한반도 운명이 기울면서 국권을 상실당하고 10년, 항일운동은 전개됐지만 점점 일본의 간교한 마수에 넘어간 우리나라는 종국에 말과 성을 잃고 치욕적인 식민지 생활로 들어갔다. 36년간을. 그러나 1945년 광복과 함께 우리는 또 분단의 비운을 맞는다. 그리고 1950년 동족상

잔의 처참한 전쟁을 치렀다. 그리고 1960년 근대화로 향한 몸부림으로 세계로, 해외로 뻗어가면서 민주화운동으로 벽을 넘어서 지금 세기의 전환기를 맞고 있다.

전시관 아래층에서 5층까지 생생하게 되살아난 격동의 세월을 돌아보면서 '사꾸라' 노래로 시작한 새싹이 그 노래만 부르다가 시대의 아픔을 뛰어넘어 지금 한 그루 고목에 매달린 버찌에 불과한 나 자신을 발견하고 소스라치게 놀랬다.

내가 감당했던 그 숱한 세월은 그 시대에 태어난 내가 겪어야만 했던 현실이 아니었던가. 그 시절 그 하늘 아래 숨쉬고 살아야 했던 내가 끌어안아야 할 내 몫의 세월이었다.

전설처럼 먼 과거, 떠나가 버린 아득한 옛날의 순간들은 흘러가버린 거대한 죽음인가. 과거를 되돌아보는 작업은 그러나 미래의 비전에 대한 모색이 동반되었을 때 비로소 의미가 있다고 했다. 손녀의 손을 잡고 운동장을 걸어 나오면서 그 미래를 그려보았다.

자유 속에서는 자유를 모른다. 빛 가운데 빛을 모르듯이. 자유가 무엇인지 모르는 손녀의 얼굴은 너무나도 천진하다. 내 지난 세월을 보상해줄 오늘의 새싹인 손녀는 내 몫까지 살아서 싱싱한 대목으로 자랄 것이다. 탐스런 열매도 맺힐 것이다. 그래서 내가 자유 속에서 한껏 피고 싶었던 욕망을 채워줄 것이다.

(2000)

상처의 江

이글거리는 8월의 태양이 절정에 다다른 15일이 되면 열병이 번지듯 지난 이야기가 고개를 든다. 먼 과거 이야기가 아닌 지금까지 이어지고 있는 이야기, 아니 세월과 함께 역류하듯 생생하게 살아나는 믿고 싶지 않은 이야기가 있다. 2차 대전 중 자행한 일본의 잔학 행위에 희생된 우리 동족들의 이야기 '일본군 위안부와 강제징용 문제'가 그것이다.

신문지상에 '2000년 일본군 성노예 전범 국제법정'에서 고 히로히도 일황을 기소키로 했다는 보도를 접했다. 그리고 어떤 일본 승려가 한국 땅을 순례하며 '사죄고행'을 했다는 기사와 일본고등학교 선생과 학생들이 '나눔의 집'을 찾아가서 할머니들에게 용서를 빌며 봉사하고 있는 사진도 보았다.

아무리 그들의 언행이 진심이라 할지라도 사후 약방문격인

간교하고 얄팍한 일본 후손들의 행위가 비위에 거슬렸다. 아직도 일본 중학교 교과서에는 일제의 한국병합에 대한 기술이 미화, 왜곡되어 있고 일본정부는 징용과 위안부 피해자에 대한 사죄와 보상도 회피하고 있지 않는가. 어느 누가 이분들의 상처를 치유하고 그 수난을 보상할 수 있겠는가.

지난 5월, 여성문학인들이 찾아간 경기도 광주군 퇴촌면에 있는 '나눔의 집'. 이곳에는 생존 위안부 아홉 분의 삶의 보금자리와 역사관이 자리하고 있었다. 마당에 들어서자 조각작품들을 감싸 안은 파란 하늘이 너무나도 가슴 아리게 다가왔다. '못다 핀 꽃', '대지의 여인' 앞에서 숙연해진 마음이 통나무를 깎아 위안부의 고통과 힘든 삶의 흔적을 표현한 '상처의 강' 앞에서 떨리고 말았다.

'역사관'으로 들어갔다. 이곳은 성노예를 테마로 한 세계 최초의 '인권박물관'으로 동시대인과 후대인에게 역사의 진실을 전하는 역할을 하고 있었다. 첫 전시장 '증언의 장'에 들어서니 중국과 버마의 국경지대에서 포로가 되어 트럭에 실려 이동중인 위안부들의 사진이 눈에 띄었다. 대부분 앳된 얼굴들로 그 중 임신하고 있는 10대의 모습이 애처로웠다.

일제의 수탈정책으로 빈곤층이 늘어난 1937년경부터 감언이설로 꾀어 강제 납치, 인신 매매 등으로 희생된 이 땅의 꽃순이들. 모두 30만 명 정도로 추정된다는 놀라운 기록이었다. 위안소 앞에서 줄 서서 차례를 기다리는 일본군들이 개, 돼지로 보였다.

제2전시장 '체험의 장'에서 마침내 울분이 터지고 말았다. 그녀들의 괴롭고 음울한 체험, 증언을 통해 재현한 위안소 내부는 너무나 비참했다. 그리고 그 옆으로 나열된 위안소 생활의 잔혹성을 알 수 있는 자료들과 유물들을 보고 소름이 끼쳤다. 하루에 30명 가까이 상대해야 했다니 인간기계나 다름없지 않는가. 성병이 심해지거나 임신하면, 어느 날 소리도 없이 처치되고, 탈출을 시도했다가 실패했을 땐 가혹한 벌을 받아야 했다. 그 중에는 스스로 목숨을 끊는 사람도 많았다고 한다. 또 패전 후 일본군이 퇴각하면서 이들을 한데 모아 죽이기도 하고 연합군의 폭격으로 귀국선이 침몰해 집단 수장되기도 했다는 것이다.

이렇게 원통하게 삶을 마감한 영혼들의 안식을 기원하는 자리가 다음 전시장 '기록의 장'에 마련되어 있었다. '분향과 애도'의 작품 앞에서 묵념을 올리며 귀를 기울이니 용기있게 증언을 하는 김학순 할머니의 육성이 가슴을 적셨다. '내 지난 삶이 하도 억울하고 원통해서 사실을 숨김없이 털어놓는다.'

마지막으로 '고발의 장'에서는 할머니들의 심정이 숨김없이 토로된 그림들이 전시되어 일제의 만행을 고발하고 있었다. 특히 '빼앗긴 순정'을 그린 강덕경 할머니(97년 작고)의 유품, 그림도구들과 간병일지들이 눈시울을 적시게 했다. 폐암으로 시달리면서 수요집회 현장에서 구호를 외치다 쓰러져 일 년 남짓 투병 끝에 세상을 등지고 만 것이다. '타임터널'의 작품 앞에서 역사란 시간으로 공간을 만들어내고 있음을 실감했다.

밖으로 나와 '못다 핀 꽃'의 모델인 김순덕 할머니(80세)의 증언을 들었다. 작은 체구에 이목구비 뚜렷하고 눈빛이 총명한 이 분은 낭랑한 목소리로 거침없이 체험담을 털어놓으며 우리의 질문에 답해 주었다. 모두가 남의 이야기가 아닌 우리의 어머니, 고모, 이모들의 이야기가 아닌가.

일본은 과연 우리에게 누구인가. 일제 36년, 나라를 잃고 성과 모국어까지 빼앗기고 핍박 받았던 식민지 시절을 우리는 어떻게 잊을 수 있으랴.

진실을 이야기하는 용기를 가진 기적의 생존자들. 이제는 병들고 늙어버린 주름투성이의 위안부 할머니의 증언만이 상처의 강물이 되어 우리 가슴에 출렁이는가.

세월이 약이라지만 천년, 아니 만년이 흘러도 잊을 수 없고 치유될 수 없는 이분들의 상처를 치유할 묘약은 없는 것일까. 살아남은 자 우리 모두에게 던져진 화두는 후세에까지 '일본군 위안부'의 올바른 뜻을 기억하게 하고 주체성을 갖도록 역사에 남기는 작업이다. 이것이 세계평화를 위해 21세기를 향한 한국인에게 주어진 과제가 아닐까.

(2000)

4부

백목련白木蓮 서른한 송이

내 집 아파트 1층에서 올려다보는 하늘은 아스라하다. 그 하늘 저 멀리에 내 분신인 서예 작품들이 아른거리면 내 마음 한 구석이 소금을 뿌린 듯 아려온다.

'시편 23편'과 '생명'의 성경 구절, 추사의 '춘일春日'과 이식의 '신연新燕'의 행초서, 주무숙의 '애련설'의 해서와 황진이의 '반달'의 예서, 그리고 매화, 수련, 창포의 채색화 등의 크고 작은 작품들이 눈앞에서 나풀거리면 금세 눈물이 핑 돈다.

나이 듦의 집착일까. 아니면 위선자일까. 벌써 해가 바뀌고 반년이 넘었는데도 잃어버린 작품에 대한 미련을 떨쳐버리지 못하고 있으니 말이다. 그것들을 움켜쥐고 있는 범인을 용서하고 기억에서 지워버리고자 몇 번이나 다짐했던가. 그래서 잊었다고 생각했었다. 그러나 하늘만 쳐다보면 그 날의 분노가 치솟아 가슴 밑바닥에서 불덩어리로 타오르는 것이다.

지난 해, 나는 평생의 꿈이던 고희 기념 서예전을 계획하고 그 준비에 여념이 없는 나날을 보냈다. 전시회 날이 임박하자 그동안 쓴 작품 65점을 정리해서 표구사에 맡기고 도록 제작하는 출판사를 물색했다. 여기까지는 순조로웠는데 작품 사진을 찍기 위해 운반하는 과정에서 문제가 생겼다. 출판사 직원 두 명이 부주의로 엘리베이터에 실은 병풍과 액자들 가운데 새로 쓴 작품 31점의 뭉치를 깜빡 놓고 내리는 실수를 저지르고 만 것이다.

어이없는 순식간의 일이었다. 그 소식을 들었을 때 나는 절벽에서 거꾸로 떨어져 숨을 쉴 수 없는 죽음 바로 그것이었다. 그 직원들이 혈안이 되어 빌딩에 있는 사무실 구석구석을 심지어 쓰레기통까지 이 잡듯 뒤졌지만 헛수고였다. 다급하여 현상금을 내걸고 애타게 호소하며 찾았지만 작품의 행방은 묘연했다.

하늘이 내리신 경종일까. 내가 더 겸손하고 온유한 사람으로 거듭나기 위한 시련의 채찍질인지도 몰랐다. 내 몸이 산산조각 깨져버린 순간인데도 참담한 역경을 이기려는 안간힘이 용수철처럼 튕겨 나옴을 느꼈다. 전시회 날까지 차질 없이 도록을 만들어주겠다고 책임을 통탄하고 나선 출판사에서 나에게 작품을 다시 쓰라고 열흘간의 말미를 주었다.

내 힘을 시험할 기회가 허락된 240시간. 절망에서 탈출하기 위해 나는 외골수로 작품 쓰기에 빠졌다. 그 집념은 고통을 수반하는 열병 같은 것이었다. 다시 붓을 들어 오직 31점에 도전하는 절박한 시간과의 싸움. 결승점을 눈앞에 둔 마라톤 선수처럼 쉼없이 앞만 바라보고 전심전력으로 작품을 쓰는 데 최선을 다했다. 그러나 겨우 건진 다섯 점.

그리고 곧바로 도록 제작에 들어갔다. 초고속으로 진행하는 출판사 직원과 함께 야간작업을 하면서 편집과 교정 등에 매달리다보니 종국에 코피까지 쏟았다. 드디어 20일 만에 도록이 완성되던 날, 감색 바탕에 금박으로 내 이름 석 자가 새겨진 표지를 어루만지며 나는 처음으로 참았던 울음을 터뜨렸다.

이렇게 해서 어줍잖게 70년 세월을 풀어놓고 나는 서울과 제주에서 전시회를 가질 수 있었다. 이제 일흔 잔치는 끝났다. 그런데 끝남의 자리는 어찌 그리 허전하고 아쉽던지. 썰물이 쓸고 간 모래밭에 외롭게 남은 조개껍질처럼 쓸쓸했다. 그래서 그 허탈한 가슴으로 잃어버린 작품이 투사된 것 같은 하늘을 자주 올려다보게 되었는지도 모른다.

봄 3월이 열린 어느 날, 내 눈이 무심코 하늘에서 정원의 나무들로 옮겨졌다. 작년보다 목련나무 가지에 꽤 많은 꽃망울이 부풀고 있음을 발견한 것이다. 그 꽃망울들은 아주 서서히 함부로 자기를 드러내지 않는 겸손함으로 나날이 부풀어가는게 아닌가.

때로는 차가운 눈비와 매서운 꽃샘바람을 이기며 조용히 자신 속에 침잠하고 있는 달관의 꽃. 가만히 바라보고 있노라니 온갖 고초를 쓸어안고 삭이는 인내심이 눈물겨웠다. 그 신비스런 개화에 나는 차츰 영혼의 눈을 뜨게 된 것이다.

4월이 열리자 따스한 봄 햇살에 환호성을 지르며 활짝 흐드러진 목련꽃. 경이의 눈을 뜨고 자세히 몇 번을 세어 봐도 분명 서른한 송이였다. 하나님의 섭리인가. 가슴에 맺힌 31의 숫자가 가지마다에 잃어버렸던 작품이 되어 조신하게 피어나 있지 않은가. 그 무엇으로도 치유되지 않던 가슴앓이 상처가 이 기적 같이 우연히 핀 꽃으로 하여 시나브로 아물어 갔다.

오직 붓끝으로 아름다움을 창조했던 시간들이 꽃 위에 겹쳐진다. 용서했으면서 돌아서면 용서되지 않던 이중성, 그 증오의 감정이 녹아내리고 있음을 감지했다. 내가 지금 목련꽃으로 위로를 받는 것처럼 누군가도 내 작품으로 위로를 받고 있다면 잃어버린 작품에 대한 미련은 깨끗이 버리기로 했다.

목련꽃 서른한 송이.

천사의 너울인가. 쏟아지는 봄 햇살을 받으며 그 넉넉한 일곱 폭 치마를 펼치고 춤추듯 온몸으로 절창하는 꽃이여. 그 지순 고결한 아름다움 속에 숨어 있는 사랑은 조건 없는 사랑임을 깨달았다.

아름다운 것은 영원한 기쁨인 것을. 사람도 목련꽃처럼 순수할 수 없을까 생각에 잠겨본다.

(2002)

합죽선合竹扇, 그 멋과 풍류

산들바람이 그리운 계절이다. 음력 5월 초닷샛날의 명절 단오절이 다가오면 해마다 부채전이 열린다. 한국선면예술가협회전이 올해로 15회에 이르고 있다.

인사동에 자리한 인사아트센터 4층 아담한 전시실에는 100여 점의 합죽선이 바람을 일으킨 듯 시원했다. 흰 벽면에 반달 모양으로 활짝 펼쳐진 쥘부채들이 아래위 두 줄로 이어져 있어 마치도 무지개를 바라보는 듯 황홀했다.

선서화扇書畵의 향연. 화가는 색채로, 서예가는 묵색으로 나름대로 독특한 작품세계를 구축하고 있지 않는가. 작가들이 심혼을 쏟아 부은 반원 공간이 우주처럼 넓게 시야를 열어준다.

산과 바다가 가슴을 탁 터주고 흐드러진 꽃들 사이에서 새

소리가 들려왔다. 나비가 꿈꾸듯 춤추는가 하면 고사리가 꼼지락거리고 홍도와 울릉도의 풍광이 추억을 되살려준다. 게들이 기어가는 해변에서 아련히 떠오르는 모래밭, 강가에 무심히 서 있는 백마가 마음을 차분하게 해준다. 참외장수의 해학적 그림 앞에서는 웃음이 절로 나고 사람들의 얼굴이 겹친 그림에서는 복잡한 인간관계를 떠올리게 한다.

대형 부채에 행서로 이군옥李群玉의 명구를 쓴 내 작품 앞에 서서 한참 바라보았다.

> 水遠山長
> 나 여기 앉았거늘 억만겁을 헤아리고
> 천만년 흘러간들 나 여기 앉아 있네.

묵색을 드러낸 하얀 여백이 나를 옛날로 밀어냈다. 여백은 우리의 정서 속에서 연상 작용을 유발시켜 메워지는 마음의 공간이 아닌가. 유년시절 빨래터에서 바라보던 하늘이고 소꿉장난하던 뒷마당이다. 내 꿈을 키우던 마음의 빈터. 그곳에서 늘 웃고 계시던 아버지.

어린 나에게 붓글씨를 가르쳐주신 아버지는 아이 셋을 키우고 있는 중년의 딸에게도 꾸준히 붓을 들라고 격려해주셨다. 어느 날, 합죽선을 하나 들고 찾아오신 아버지께서 한 폭의 난을 치고 화제를 써 달라고 내 앞에 내놓으시는 게 아닌가.

나는 겨우 사군자를 습작할 때였기에 자신이 없었으나 아버지 청을 거역하지 못하고 붓을 들었다. 두둘두둘한 부챗살에 걸려 붓이 잘 나가지 않아 애태우며 짧게 난 잎을 치고 개칠을 해버렸더니 잡초가 되어버렸다.

시서화에 조예가 깊으시고 풍류를 즐기시던 아버지는 딸의 서툰 솜씨를 탓하지 않으시고 시조 한 수를 읊으실 때마다 그 합죽선을 펴셨다. 그리고 남방셔츠 주머니에 꽂으시고 다니시며 딸의 솜씨라고 자랑하셨다. 아버지의 고달픈 노년이 딸로 하여 얼마큼 위안이 되셨을까. 세월만이 무심히 흘러가버리고 아버지가 세상을 떠나신 후 유품을 정리할 때 손때로 얼룩진 합죽선을 펴놓고 나는 얼마나 소리내어 울었는지 모른다.

그 후 나는 합죽선에 글씨를 쓰고 난을 치는 작업에 몰두했다. 아버지께 자신 있게 드릴 수 있는 작품이 될 때까지 쓰고 또 그렸다. 서화가가 마지막 단계에 시도하는 영역이 이 선면 작품이 아닐까. 내 효심은 세월 속에 녹아들고 이제 그때의 아버지 나이가 되어서야 비로소 무엇이 된 것 같은 작품 앞에서 옛날을 그리니 내 마음이 한없는 회한悔恨에 젖는다.

합죽선을 만드는 과정은 꽤 힘이 들어 무려 2백 회가 넘는 잔손이 가고 완성까지 백 일이 걸리는 전승공예이다. 양질의 대나무 마디를 잘라 양잿물에 삶아 쪼갠 후 일주일 동안 말리면 노랑색으로 변한다. 이것을 얇게 떠낸 다음 솜방망이에 민어풀을 대의 속 부분에 발라 붙인다. 대나무 껍데기와 껍데기를 합하는 일이므로 합죽合竹이라는 이름이 붙여졌다고.

이 합죽선은 우리나라에서 처음 만들어져 중국으로 건너간 고려의 특산물로 11세기경 '고려선'이라 하여 중국에서 인기가 대단했다고 한다. 고려 중기부터 조선조 말까지 단오절에 부채 선물을 주고 받는 풍습이 유행했었는데, 애초 궁중에서 임금이 신하에게 단오선을 나누어주면서 시작되었다고 하니 얼마나 멋진 풍류인가.

바쁘다 바쁘다하고 쫓기며 사는 현대인들, 선풍기나 에어컨에 밀려난 쥘부채에 그림이나 시 한 수를 담아서 이웃과 주고받는 정은 얼마나 여유롭고 아름다우랴. 여름 한때만이라도 조금은 느리게 쉬엄쉬엄 부채에 담긴 멋과 풍류를 즐기며 잠시 쉬어간들 어떠랴.

합죽선을 활작 펴서 부채질할 때 이는 바람은 보낸 이의 애틋한 정이 아닐까. 나는 합죽선을 앞에 놓고 붓글씨를 쓸 때나 또 이렇게 바라보고 있을 때면 아련히 떠오르는 아버지를 그리며 옛 시조 한 수를 조용히 읊어본다.

부채 보낸 뜻을 나도 잠깐 생각하니
가슴에 붙은 불을 끄라고 보내도다
눈물도 못 끄는 불을 부채라서 어이 끄리.

(2002)

청계천의 달

쉼없이 쏟아지는 장대비 속을 아랑곳없이 차를 달린다. 3일 후면 철거하게 되는 청계 고가도로를. 오늘이 이 길의 마지막 주행이라고 생각하니 남다른 감회가 인다.

인간에게 있는 두 가지 비극적인 요소는 잘못을 저지르는 일과 시간은 계속 흘러간다는 것이라고 누가 한 말이 떠오른다. 사정없이 차창을 때리며 흐르는 빗물처럼 사라져버린 내 시간들. 그동안 잊고 살았던 일들이 고개를 든다. 이 길을 덮은 철근 콘크리트를 걷어내듯 내 양심의 베일을 벗기면 드러나는 환한 달빛과 만나고 싶다.

청계천과의 첫 인연은 54년 봄으로 거슬러 올라간다. 한국전쟁이 할퀴고 간 폐허로 얼룩진 서울 거리를 배회하던 나는 청계천 5가 주변의 고서점을 자주 찾아다녔다. 대학원에서 전공하는 국문학 서적이나 논문자료가 되는 『의유당일기意幽堂日記』, 『한중록恨中錄』 등 고전수필과 『춘향전』, 『흥부전』 등의 육전6錢소설을 구입하기 위해서였다.

그때 고서점을 찾는 사람들은 거의 남성들이었는데 그 중에는 일어판 세계문학전집 또는 사전 등을 돈 몇 푼과 바꿔가는 사람도 있었다. 아내의 저고리를 전당포에 맡기고 아침거리를 해결하는 현진건 소설 『빈처貧妻』의 주인공 같은 가난한 사람들. 도시 빈민들의 고단한 삶이 담긴 판자촌 근처를 지날 때 나는 조심스럽게 책들을 치마폭에 감추고 다녔다.

그런데 이러한 고서점 출입은 오래 가지 못했다. 혼기를 맞아 결혼했기 때문이다. 남편은 계속 꿈을 살려 논문을 완성하라고 적극적으로 협조해주었지만 현실은 냉담했다. 보수적이고 완고하신 시아버님의 서릿발 같은 기침소리는 항상 내 행동에 제동을 걸었다.

책 보기, 글쓰기, 먹 갈기 그리고 교회 가기, 친정 나들이 등등. 연로하셔서 직장 없이 집에만 계시는 시아버님은 심지어 내 머리 모양, 옷매무새까지 눈여겨보셨다. 이렇게 시집 법도를 따라 소리 없이 살았던 2년 남짓, 청계천과의 인연이 또 맺어졌다.

남편이 외국에 나가 있던 해의 정월 보름날 밤이었다. 방에서 논문을 마무리하고 있는데 시아버님의 불호령이 떨어진 것이다. 조밥을 싼 봉지를 건네주시며 당장 한강을 다녀오라고.

얼음을 깬 강물 속에 조밥을 띄워 용띠인 남편을 위해 정성을 들이라고 덧붙이셨다. 실로 난감했다.

얼떨결에 대문을 나선 나는 먼저 마장동에 있는 친구 집을 찾아갔다. 함께 한강으로 갈 생각이었으나 마침 집에 없어 허탈하게 돌아섰다. 어떻게 할까 망설이며 청계천 주변을 서성거리다가 무심코 다리 위로 올라가보니 털목도리를 휘감은 사람들이 부지런히 '다리밟기'를 하고 있지 않은가. 나는 난간에 기대어 칼바람이 슬개골까지 파고드는 한기 속에서 물끄러미 달을 쳐다보며 외로움을 달랬다.

달빛은 모정母情인가. 문득 이는 어질증 같은 그리움. 달무리로 하여 미묘한 음영이 깃든 달 속에 어머니 얼굴이 아른거리자 참았던 눈물이 왈칵 쏟아졌다. 그러자 동시에 꼭 쥔 주먹이 슬그머니 펴지면서 조밥봉지가 그만 아래로 떨어지는 게 아닌가. 아뿔싸 순식간의 일이었다. 내 반항의식이 고개를 든 것일까. 이 돌이킬 수 없는 엄청난 실수에 온몸이 떨리기 시작했다.

납덩어리처럼 무거운 자책감으로 집에 돌아온 나는 시아버님 앞에서 고개를 들지 못했다. 그 후로는 더욱 고분고분 그보다 더한 일도 마다하지 않고 해냈다. 청계천의 달만이 아는 비밀을 언젠가는 이실직고하고 석고대죄를 받고 싶은 마음 간절했으나 기회를 놓치고 세월만 흘려보내고 말았다.

그 후 나는 '어머니'라는 새 삶의 출구를 찾아 3남매 낳고 키우면서 한편 나만의 시간을 창조하는데 힘썼다. 그렇게 하고 싶은 붓글씨 쓰기와 수필 쓰기를 밤 시간에 매달렸던 것이다. 시 아버님께서 무럭무럭 자라나는 손자들을 될 성부른 나무라고 대견하게 보시는 이면에는 며느리에 대한 칭찬도 조금은 들어있는 것 같아 얼마나 기뻤는지 모른다. 그 무렵부터였다. 시아버님께서 이따금 내 벼루에 먹을 갈아 놓으시는 날이 이어진 것은.

사람이 변하는 것은 새로워지는 것이지만 한편 슬픈 일이다. 어쩔 수 없이 세월이 가는 비극 앞에서 나는 인간의 힘에 한계를 느낀 것이다. 어느덧 8순 중반에 이른 시아버님이 노환으로 병석에 누우시게 되셨다. 긴 여름을 시름시름 앓으시다가 가을에 접어든 어느 날 조용히 눈을 감으시고 우리 곁을 영영 떠나시고 말았다.

우리 삶에서 고별만큼 감상感傷적인 장면이 또 있을까. 모든 것을 용서하고 용서받는 시간은 서로의 정 줄기가 무르녹아 강을 이룬다. 그 속에서 가슴을 열고 용서를 빌며 임종을 지키는 내 손을 꼭 잡으신 시아버님께서 '이제 앞으로 네 하고 싶은 일을 맘껏 하며 살아라'하신 마지막 말씀은 나를 회한의 늪에서 통곡의 몸부림을 치게 했다. 그 매섭고 호된 가르침은 겸손과 성실 그리고 부지런함을 깨우쳐주신 사랑의 매질이었음이 뼛속에 사무쳤던 것이다.

청계천의 달. 대낮 빛나던 태양의 방사를 받아 어둠이 깔리면 반사하는 교교皎皎한 달빛. 젊은 혈기만으로 치졸하고 성급한 나를 다독거리며 인간적인 성숙을 지켜봐 주던 달. 내가 희구하던 자유는 오랜 기다림과 함께 시련을 겪으면서 솟는 의욕 속에 있었던 것을.

달빛은 예나 지금이나 한결 같건만 인간 세상에는 어찌 그리 굴곡이 많은지. 저 달만은 다 알고 있을 것이다. 60년대 후반, 판자촌 강제 철거로 아우성치던 빈민들의 눈물을, 또 청계천 복개 공사로 답답하게 서울의 숨통을 끊어버린 실수를, 그리고 지금 다시 복원작업에 힘쓰는 대역사의 현장을.

이제 앞으로 청계천은 우리의 꿈을 되살리는 휴식공간으로 거듭나게 된다. 바람이 오가는 녹지에서 새들이 지저귀고 맑은 시냇물에 송사리 떼가 꼬리치면 나는 찾아갈 것이다. 그 옛날 내가 헤매던 교산자교 난간에 서서 둥근 달을 우러르며 오늘의 나를 비춰보리라.

(2003)

사라져 가는 것들

현대는 변화의 시대인가. 자고 나면 달라진 세상에 당혹감을 느낀다. 신문을 펴보기가 두려운 나날이다. 날씨마저도 변덕을 부려 윤 2월인데도 25도가 넘는 더위가 계속되더니 어제는 폭풍우가 몰아치고 강원도 산간에는 폭설이 내렸다.

수박, 참외, 딸기, 등 계절 없이 쏟아져 나오는 과일들도 제철 맛이 아니고 그 단맛에서 인위적인 것을 느낀다. 생선과 채소들도 중국산이 태반이어서 시장에 나가면 어리둥절해진다. 없는 게 없는 세상, 살기 좋은 삶을 누리면서 옛날이 그리워짐은 왜일까. 순수의 상실, 무엇인가 소중한 것을 잃어가고 있는 아쉬움을 떨칠 수가 없다.

우리나라 속담 하나가 떠오른다.

"세상에서 가장 듣기 좋은 소리가 뭐게?"

"그야 자식 입에 젖 들어가는 소리, 마른 논에 물 들어가는 소리, 자식이 책 읽는 소리지."

그러나 이 모두가 추억으로만 남는 풍경들이 아닌가.

신생아에게 모유가 좋다는 통계가 아니더라도 60년대에 태어난 아이 셋을 나는 모두 모유로 키웠다. 우리 어머니가 그렇게 우리 형제를 키웠듯이. 그 시절 생소하게 '비락'이라는 우유가 있었지만 이물질 같아서 멀리 했었다. 내 분신에게는 오직 내 몸에서 솟는 생명수를 먹이고 싶어서였다.

이제 모유로 자란 세대들이 어머니가 되었지만 지금 제 젖을 먹이는 여성이 몇이나 될까. 각종 우유 외에도 흔전만전한 유아식에만 의존하고 심지어 제 자식을 남의 손에 맡겨 키우는 사람이 늘고 있다. 어느 유치원에서 어린이들에게 어머니 얼굴을 그리게 했더니 모유로 자란 아이는 어머니 얼굴을, 우유로 자란 아이는 소머리를 그렸다는 웃기는 이야기도 나옴직하다.

어느 날, 버스 안에서 자지러지게 우는 갓난애를 달래느라 진땀을 빼는 젊은 여성을 보았다. 점점 울음소리는 커지고 그칠 기미가 보이지 않자 옆에서 참다못한 어느 할머니가 "젖꼭지를 물려 봐요" 짜증스럽게 말했다. 승객들에게 민망했던지 허겁지겁 아이를 안고 다음 정거장에서 내리는 그녀의 뒷모습이 얼마나 측은했던지. 어깨까지 늘어뜨린 노랑머리, 미니스커트에 하이힐을 신은 패션모델 같은 모습이 아기엄마라기에는 거리가 멀었기 때문이다.

또 달라진 것은 우리네 농촌 풍경이다. 젊은이들은 모두 도시로 나가 노인들만 남아 농사를 짓는 요즘에는 기계화된 농기구들이 많이 사용되고 있다. 그러나 하늘을 쳐다보고 웃고 우는 농민들에게 하늘이 주는 혜택만큼 큰 것은 또 없을 것이다.

농토가 갈라지는 가뭄을 해갈해주는 빗물이 메마른 논에 가득 들어가는 소리에 활짝 얼굴을 펴는 농민들의 모습은 얼마나 평화로운가. 그러나 수확의 계절이 오면 산지 쌀값이 계속 폭락하는 바람에 울상이 된다. 이렇게 되는 원인은 무엇보다 소비가 줄었기 때문이다.

꽁보리밥도 제대로 먹지 못했던 시절, 흰쌀밥은 생일과 제삿날에나 먹었는데 어쩌다 우리 음식문화가 서구화되어버렸는지 모른다. 아이들 입맛은 이미 피자, 햄버거, 빵, 스파게티 등에 길들어져 주식이 되어버렸다. 쌀 패스트푸드 개발과 함께 아침에 밥을 먹자는 운동을 펴고 있지만 농민들은 논 대신 밭을 갈겠다고 한다니 벼농사도 사라질 위기인가.

오늘날 정보시대니 인터넷시대니 하면서 현대인들은 책 무용론의 환상에 사로잡힌 것 같다. 책을 읽고 글씨를 쓰는 것도 낡은 시대의 유물인 양 밀려나 책 읽는 소리도 사라져 버렸다. 학교에서 아예 책 읽히는 교육이 포기된 아이들은 밤낮 게임에 빠져 있고 어른들도 컴퓨터에 매달려 정신이 없다. 컴퓨터를 열고 무표정하게 쏟아져 나오는 전자문자에만 혈안이 되어 활자로 인쇄된 종이책은 죽음 직전이다.

우리의 초·중학교 시절, 수업시간에 낭랑한 목소리로 책을 읽는 낭독시간이 있었다. 이것이 습관이 되어 집에서 책을 읽을 때도 큰 소리로 읽어야만 깨달음이 빨리 전달되었다. 그렇게 해서 숙제인 시 몇 편을 달달 외우기도 했다.

그 무렵, 고향 전주에는 명소 '한벽당'에서 청수정으로 내려가는 동네에 향교鄕校가 있었다. 그곳을 지날 때면 담 밖으로 머슴애들의 천자문 읽는 소리가 들려와 얼마나 듣기 좋고 부러웠던지. 귀를 기울이고 한참을 우두커니 서 있곤 했다.

젊음의 뒤안길에서 사라지지 않던 갈망인가. 지금 황혼의 문턱에서 잊혀졌던 첫사랑 같은 그리움으로 찾아가는 곳이 있다. 난대蘭臺서당. 일주일에 한 번 뜻을 같이하는 문우들이 모여 제각기의 꿈을 되살리는 곳이다.

해박한 스승의 맹자집주孟子集註 원본 강의를 듣는데 2시간이 지루하지 않은 것은 마지막 소리내어 읽는 시간이 즐겁기 때문이다. 방안 가득 퍼지는 스승의 목소리를 놓칠세라 따라 읽는 우리들은 젊은 시절로 돌아간 듯 가슴 설렌다. 저마다 멋대로 흩어지기 일쑤인 목소리이지만 혹 옛날의 나처럼 누가 듣고 있지는 않을까 문 밖을 바라보면서 더 크게 목소리를 돋군다. 자꾸만 옛날로 뒷걸음치며.

(2003)

사루비아와 차돌멩이

내 꿈의 동산인 꽃밭. 뜰에는 이름 모를 야생초 사이로 베추니아가 환하게 고개를 들고 백합, 장미, 들국화가 웃고 있다. 그 아래로 봉선화, 나팔꽃, 분꽃, 과꽃, 공작초, 채송화, 사루비아 등 1년초들이 서로 다투며 제 모습을 뽐내고 있다.

향기와 시각이 어우러지며 신선한 기억을 되살려주는 1년초들. 1년은 너무 짧다고 빛과 형태로 각기 활짝 생명을 불태우고 있는 꽃들에서 아름다움 이전의 싱싱한 활력을 느낀다. 유독 천진난만한 채송화를 바라보고 있으면 내가슴 울리는 추억의 풍경 속에 손자 광현이와 동현이가 웃고 있다.

"광현아, 꽃씨가 싹 났니?"

"네, 조금요."

손자들이 뿌린 씨앗이 궁금하고 목소리가 듣고 싶을 때 수

화기를 든다. 이역만리에서 들려오는 손자들의 목소리가 바로 지척에서 들리는 것 같아 왈칵 그리움이 북받친다.

지난 5월 하순, 안식년을 맞아 영국 버밍엄대학교 연구 교수로 가 있는 막내아들을 찾아가면서 손자들의 선물로 꽃씨를 가지고 갔다. 사루비아와 채송화를.

시내에서 남쪽으로 조금 떨어진 조용한 주택가. 영국식 주택이 나란히 이어진 끝자락 이층집에서 아들 식구는 살고 있었다. 뒤뜰에는 큰 벚꽃나무와 사과나무가 우거져 있고 앞뜰에는 이름 모를 들꽃과 수국이 피어 있었다. 그 모퉁이에 큰손자가 흙을 파고 네 살배기 손자가 고사리 손으로 꽃씨를 뿌렸다.

"이 꽃씨가 이 다음에 꽃을 피우면 할머니와 만나는 거야."

"정말?"

"그럼! 꽃 속에 할머니 마음이 들어 있거든."

손자들은 내 말에 신바람이 나서 물을 떠오고 뿌리며 좋아라 뛰어다녔다.

그리고 그 옆 자갈밭에서 예쁜 차돌멩이를 주웠다. 할아버지께 드리는 선물이라고 했더니 두 놈이 서로 다투며 열심히 골라 내 치마폭에 담아주었다. "할아버지 선물, 선물"하면서.

그날 저녁, 아들은 뒤꼍 나무 아래서 숯불을 빨갛게 달구어 쇠고기 바비큐를, 알뜰한 며느리는 부엌에서 내 생일상을 차리느라 부산했다. 온 식구가 식탁에 둘러앉으니 두 손자가 손뼉치며 노래를 불러주었다. "생일 축하합니다. 사랑하는 할머니….” 노래가 끝나자 아들이 두 손으로 내 잔에 포도주를 따르고 고기를 밥그릇에 올려놓자 왈칵 목이 메었다.

순간 되감기는 필름처럼 세월은 역류되어 신수동 옛집이 떠올랐다. “올바르게 살자!”고 주먹으로 식탁을 치며 식구들을 놀라게 했던 아들. 신군부 정권 아래 대학생이던 막내는 정의감과 비판 의식이 남달리 강했다.

흙투성이가 되어 시위 현장으로 광주 망월동 묘지로 뛰어다녔던 아들. 이러한 아들에게 지금의 울분과 열정을 학문의 길에 쏟아 더 높은 곳을 바라보라고 눈물로 호소했다. 어머니로서 사랑의 중요함을 통감했던 시절이다.

다음날, 우리는 노르웨이 관광을 떠났다. 오슬로 중앙역에서 기차를 타고 뮈르달역에서 다시 등산열차로 갈아탄 폴롬 철도 여행.

차창 밖으로 펼쳐진 노르웨이의 야성적이고 방대한 자연풍광은 신선한 충격이었다. 울창한 숲과 호수, 눈 덮인 산, 하얗게 부서지는 폭포수, 요동하는 빙하 등 그리고 더 놀라운 절경은 태고의 신비가 숨어있는 깎아지른 듯한 절벽 아래로 쏟아져 내리는 웅장한 효스폭포였다. 높이 94미터에 이른다는 거대한 물줄기를 우러르며 우리는 비처럼 뿌리는 폭포수를 맞으며 가족사진을 찍었다. 손자를 안고 있는 아들의 표정이 얼마나 밝은지.

지난날 우울했던 잿빛 세월은 날아갔는가. 그때 아들을 찾아 시위가 끝난 연세대학교 앞길을 눈물을 훔치며 헤매던 나는 바다 건너 확 트인 세계를 얼마나 갈망했던가. 그런데 아들은 지금 스스로의 힘으로 넓은 세계로 나가 마음껏 꿈을 펼치고 있지 않는가. 흘러간 과거는 항상 현재의 연결고리로 오늘의 삶의 밑거름으로서 가치를 지니는 것을. 그래서 항상 우리 네 삶은 미래를 향해 열려있는 것이다.

내 생애 최고의 생일 여행을 마치고 귀국한 나는 남편에게 너무나도 죄송했다. 부모님께 효자인 남편을 닮은 아들, 그리고 그 아들을 닮은 손자들. 4대로 잇는 유전인자를 확인하면서 모습과 성격이 어쩌면 그렇게 꼭 닮았을까 신기함을 느낀다.

어느덧 8월. 정원에 서면 빠르게 기울어가는 여름 속에서 벌써 가을을 느낀다. 봉선화 꽃잎은 땅에 흩어지고 온갖 화초 중에 유독 기염을 토하고 있는 사루비아가 불처럼 타고 있다. 나는 사루비아꽃을 아예 화분에 옮기고 그 위에 차돌멩이를 깔았다. 화분에 물을 주면 물먹은 차돌멩이가 손자들의 눈동자처럼 반짝거린다. 그리고 꽃빛처럼 뜨거운 아들의 사랑이 가슴으로 차오른다.

지금 영국 아들네 집 마당에도 피었을 사루비아와 채송화, 그 꽃을 서로 바라보면서 막내아들 식구와 나는 멀리 떨어져 살아도 마음은 하나가 된다.

(2003)

가오리연鳶

소녀 시절, 강가에 살았던 나는 물이 흐르는 자갈밭에 나가 사내처럼 연 날리기를 좋아했다. 바람따라 하늘에 뜬 연을 바라보고 있으면 가슴이 후련해 나도 그렇게 훨훨 날고 싶었다.

동네 아이들과 연 날리기 시합을 하기로 한 전날 밤, 우리 형제들은 이마를 맞대고 부지런히 연을 만들었다. 오라버니는 우산대를 깎고 나는 그 대살을 가오리 모양으로 구부려서 한지를 붙인 다음 그림을 그리고 글씨를 써 넣어 모양을 냈다. 그리고 사금파리 가루를 풀칠해서 말려 둔 실을 자세에 감았다. 코흘리개 막내동생이 가오리연에 길게 꼬리를 붙이면 우리의 연 만들기는 끝이 났다.

누구의 연이 제일 멀리 날아가나, 우리의 가오리연이 바람에 꼬리를 흔들며 제일 앞서 날아가자 동생과 함께 손뼉치며 응원했다. 그런데 신나게 자세를 돌리던 오라버니가 뒷걸음치는 바람에 넘어져 그만 실이 끊긴 연이 어디론지 멀리 날아가 버렸다. "내 연, 내 가오리연!" 하고 자갈밭에 주저앉아 우는 동생을 업고 "누나가 또 만들어줄게" 하고 달래며 집으로 돌아와 새로 연을 만들어주었다.

그리고 반세기가 흘러갔다. 연 만들기에 매달렸던 형제들은 뿔뿔이 흩어져 제 갈 길을 갔다. 정해지지 않은 운명, 결정지을 수 없는 미래를 향해 연처럼 바람 따라 높이 날면서 각자의 꿈길을 개척해 나갔다. 어느 인생이라고 우여곡절이 없겠는가.

나는 비교적 평탄하게 학업을 마치고 결혼하여 3남매를 키우면서 꾸준히 문학과 서예의 길을 걸어갔다. 그러나 군 복무를 마치고 무전항해사의 꿈을 키우던 동생은 어느 날 갑자기 그 꿈을 접고 서울장로교 신학대학에 들어간 것이다. 졸업 후 목회활동을 하다가 다시 큰 뜻을 품고 캐나다 몬트리올로 유학길에 올라 이역만리 하늘로 날아가버렸다. 연처럼.

'92년까지 몬트리올 소망교회에서 시무하던 동생이 한 달간 러시아로 선교 여행을 떠난 것이 계기가 되어 상트페테르부르크 근교 푸슈킨시에 믿음의 뿌리를 심게 되었다. 이곳에 한국교회의 신선한 성령의 바람을 불러일으킬 결심을 하게 된 동생은 러시아가 아시아와 유럽을 잇는 중심권에서 선교의 거점이 될 수 있다는 확신을 얻기에 이른 것이다.

"러시아에서 주님의 말씀을 전하는데 얼마나 은혜로운지

모릅니다. 누나의 러시아 전시회를 계획하고 있으니 성경 말씀을 많이 쓰시기 바랍니다."

지난 가을, 동생의 초청을 받고 나는 서화 작품을 꾸려 꿈에 그리던 예술의 나라로 떠났다. 중학 시절에 읽은 푸슈킨·톨스토이·도스토예프스키의 작품들을 통해서 그려본 러시아의 문학과 자연을 떠올리며 호기심에 부풀었다. 하늘 높이 연처럼 떠서 『닥터 지바고』의 흰눈 쌓인 배경지 노보시비르스크를 지나고 우랄산맥을 넘어 9시간 만에 목적지에 다다랐다.

풀코보공항에 마중 나온 동생과 8년 만에 얼싸안았다. 반백의 수염으로 더부룩한 초로의 동생 얼굴을 보는 순간 가슴이 찡했다. 동생 눈에도 미소와 함께 이슬이 맺혔다. 그러나 우리는 외모를 변하게 한 세월의 이끼를 걷어내고 순수한 핏줄이 하나로 버무려지는 동기간임을 느꼈다.

전시회 전날, 작품을 진열했는데 내가 순서대로 바닥에 나열한 족자와 액자들을 동생은 무거운 사다리를 이리저리 옮기며 벽에 못을 박아 거는 작업에 열중했다. 옛날 가오리연을 만들 때의 열기가 되살아나며 피붙이란 이렇게 함께 어울려 일할 때 서로가 얼마나 소중한 가족인가를 깨달았다.

9월 20일 4시, 상트페테르부르크시의 전통을 자랑하는 전시장 유니온 센터에서 드디어 아홉 번째 서예 개인전의 테이프를 끊었다. 내 삶에 있어 내 존재에 영광의 획을 굵직하게 그어준 동생. 내 꿈에 날개를, 아니 꼬리를 달아준 셈이 아닌가.

넓은 전시장을 둘러보는 한국인 목사들과 고려인 3세, 그리고 러시아인들이 한국 서예에 대한 특별한 관심과 사랑을 보여주어 참으로 뜻 깊은 날이었다.

무사히 전시회를 마친 다음날, 동생은 3년 전에 마련한 500평 대지의 교회 신축 공사장으로 나를 안내했다. 전에 사과 과수원이어서 몇 그루 남은 나무에 사과가 주렁주렁 열려 있어 향기가 진하게 풍기는 땅이었다. 이곳에 첫발을 내딛는 순간 왜 그렇게 내 가슴이 뜨겁게 달아오르는지 몰랐다.

나무토막이 어지럽게 널브러져 있는 공사장은 여러 사정으로 기초 공사만 끝낸 상태였다. 본당에 세운 높은 나무 기둥을 붙들고 기도를 올리는 내 가슴속에서 좀 전에 느꼈던 뜨거운 감동이 녹아 물줄기처럼 마구 솟아올랐다. 눈물로 범벅이 된 얼굴을 드니 기둥 끝에 가오리연이 하나 걸려 있지 않은가. 나는 환상으로 떠오르는 고향의 강가에서 연을 날리고 있는 우리의 모습을 본 것이다.

"누나가 만들어줄게."

이제는 동생을 업어 줄 수도 없이 나이 든 나는 이 성전에 벽돌을 쌓아주는 일이 남았음을 깨달았다. 이것이 러시아 땅에서 우리를 만나게 해주신 하나님의 뜻임을.

(2004)

떠남, 그리고 깨달음

서화 전시회를 열기 위해 러시아로 떠나기 전날, 짐을 꾸리면서 50점의 작품을 상자에 차곡차곡 담았다. 이 분신들을 이국땅에 내려놓고 대신 무엇을 담아올 것인가 생각하면서.

18세기 러시아 모습이 그대로 남아 있는 푸슈킨시는 가을 장마에 젖어 차분하게 가라앉아 있었다. 하늘로 뻗은 흰 자작나무가 이국적 정취를 물씬 풍기는 길을 걸으면 눈물 먹은 잎새들이 하나 둘 떨어지며 이야기를 들려주는 듯, 시성 푸슈킨의 영혼이 잠들어 있음인가. 신비스러운 분위기의 마을이었다.

다음날부터 카메라를 둘러멘 동생 뒤를 따라다녔다. 전시회 날까지의 시간을 최대한 활용하자는 동생의 뜻에 따른 것이다. 이 마을의 명소를 돌아보고 승용차로 40분 거리의 상트페테르부르크시를 찾았다.

세계적인 국립 에르미타쥐 박물관에서 호화찬란한 황실유물들을 보고 그 극단의 사치에 놀란 나는 농민혁명이 왜 일어났는지를 알 수 있을 것 같았다. 이어서 이삭성당, 피의 사원, 카잔성당 등을 거쳐 네프스키대로를 걸었다. 네바강으로 해서 여름궁전의 분수들 앞에서 마음을 씻고 푸슈킨과 도스토예프스키박물관에서 깊은 감명을 받았다.

또 모스크바를 가는 데는 밤 기차를 이용했다. 붉은 광장, 레닌 묘, 성 바톨리사원을 둘러보고 참새언덕에서 모스크바대학을 배경으로 서서 시원한 바람을 한껏 들이마셨다. 그리고 톨스토이, 고골, 푸슈킨 등 박물관을 두루 살펴본 다음 볼쇼이극장에서 오페라를 관람하고 돌아왔다. 가는 곳마다에서 러시아 문학작품의 한 장면을 엿보는 것 같아 흥미로웠다.

어릴 적 받은 사랑을 되돌려 주듯 내 손을 잡고 이곳저곳을 안내하며 자세히 설명을 해 주는 동생. 그러나 무엇인가 채워지지 않는 욕구는 내가 전혀 러시아어를 모르고 있었기 때문이다. 글을 읽지 못하고 말을 알아들을 수 없다는 것은 얼마나 큰 불행인가를 절감하면서 외국 관광객 사이를 서성거렸다.

이러한 내 마음이 풀어진 것은 전시회 개장 테이프를 끊던 날이었다. 가나안 신학대학 학장을 위시하여 동생의 선후배 목사님들과 신학대학 학생들, 그리고 고려인 3세들과 많은 외국인들이 모여든 자리. 목사님들의 기도와 축사에 이어 내 감사의 인사말로 장내는 무르익은 모국어의 축제마당이 된 것이다. 바로 고향에서의 전시장을 방불케 했다.

먹빛이 승화된 서예술을 통해 세계가 하나가 된 전시장. 한글의 조형미와 화선지의 빛과 질감을 유심히 관찰하는 러시아인들은 사군자 그림에 많은 관심을 보여주었다. 「사미인곡」 문학작품을 감상하던 상트페테르부르크 국립대학교의 한국어과 구로반 교수가 미소를 띠며 다가왔다. 그는 정중하게 한국말로 한국문학과 서예에 대한 특강을 요청하는 것이 아닌가.

다음날 4시, 나는 네바강을 건너 강변에 있는 대학교를 찾아갔다. 178호 강의실에는 학생들과 동양학 교수들이 가득 모여 있었다. 1897년 러시아에 파견된 최초 대사 일행 중 김병옥 선생이 한국어를 가르치면서 시작된 이 한국어과는 『조러사전』의 저자인 A. A. 꼴로도비치 교수에 의해 1947년에 재설립되어 오늘에 이르고 있다고. 강의실 벽에 설립자 사진과 태극기가 걸려 있어 가슴이 찡했다.

'이 몸 삼기실제 님을 조차 삼기시니.'

나는 송강 정철(1536 ~ 1593)의 장편가사 '사미인곡'을 풀이하면서 한국의 가사문학에 대해서 강의했다. 상징적 표현으로 일언일구가 자연스럽게 이어져 가사문학의 최고봉으로 알려진 이 글은 임금을 사모하는 충성의 글임을 덧붙여 설명했다. 한국어를 배우는 학생들이어서 모두 금방 이해하는 표정이었다. 이어서 벼루에 물을 부어 먹을 갈고 붓을 들어 글씨를 쓰면서 서예에 대한 궁금증도 풀어주었다. 그들의 많은 질문에 일일이 답해준 다음 이번에 출간되는 한국문학사 책 『동문사東文史』 휘호 부탁을 받고 그 자리에서 일필휘지했다.

그동안 목에 잠겼던 모국어를 폭포수 내리듯 쏟고 숨통을 트던 날, 강의를 마치고 밖으로 나와 저 멀리 이삭성당의 금빛 지붕이 아른거리는 네바강 난간에 기대어 잠시 숨을 돌렸다. 지금 내가 서 있는 지점이 북위 60도 동경 30도로 우리나라에서 5천 킬로미터가 떨어져 있다 해도 더 이상 이곳이 이방의 한 도시로만 머물지 않고 있었다. 한글을 사랑하고 공부하는 러시아인들이 이웃처럼 다정하게 느껴졌기 때문이다.

집을 떠나 감동으로 깨우친 큰 깨달음이 가슴에 사무쳤다. 기쁨과 기도와 감사로 충만한 동생의 신앙심과 따뜻한 피붙이 사랑, 러시아인들도 연구하고 있는 우리 한글의 우수성과 소중한 가치, 선교사들과 유학생 그리고 고려인 3세들의 뜨거운 동포애 등.

귀국길, 작품들을 기증하고 빈 상자에 담은 것은 관광명소마다에서 고개 들고 찍은 사진들만은 아니었다. 소중한 깨달음도 함께 가득 채우고 돌아오는 마음 흐뭇했다.

(2004)

돌멩이

어렸을 적에 길을 가다가 돌멩이를 보면 사내처럼 발로 걷어차고 다녔다. 꼬마 계집에게 걷어차인 돌멩이는 떼굴떼굴 굴러서 저만치 개천가로 떨어졌다. 그것이 재미있어 자꾸만 되풀이했던 기억이 난다.

돌멩이. 바위의 조각으로 돌덩이보다 작고 모래보다 큰 것. 산이나 밭과 길 어디에서나 흔하게 널려 있는 하찮은 잡석이다. 텃밭 풀을 뽑다가도 호미 끝에 걸리는 돌멩이를 잡초와 함께 미련 없이 버려버리는 천하디 천한 것.

그러한 돌멩이들이 내 책상 위에 가지런히 놓여 있다. 손아귀에 쥘 수 있는 크기의 이 돌멩이들은 여행지마다에서 주워온 것이다. 모두가 출생지와 날짜를 이름표처럼 달고 보석인 양 빛나고 있다. 이따금 이 돌을 손에 쥐고 굴리면서 아득히면 여행지를 소요하는 것이다.

홍해紅海, 사해死海, 쿰란, 마사다, 패트라 등. 지난 2월 성지순례 길에서 자연의 신비를 느끼며 주워온 돌들이 사랑스럽기만 하다. 이렇게 이름을 붙여주면 이제 잡석이 아닌 특별한 존재로 나만의 소중한 소유가 되는 것이다. 제각기 이름값만큼의 빛을 내고 있다. 사람도 자기 이름 석 자에 책임을 지고 부끄럼 없는 행동을 하게 되지 않는가.

산호 비슷하고 조개껍질 모양의 돌을 어루만지며 바라보고 있으면 시원하게 홍해바다가 열리며 파도소리가 들려온다. 그 맑은 물에 발을 담그고 여기저기 걸으면서 손끝이 시리도록 물 속에서 건져 올린 돌들. 그 중에 인연이 된 이 두 개를 수건에 쌓아 가방에 간직했다.

홍해는 아시아주와 아프리카주의 사이에 있는 좁고 긴 바다로 산호의 생산지로 유명했다. 바닷속에 있는 해초 때문에 물색깔이 붉은 빛을 띠는 일이 있어 홍해로 불리운다고. 동쪽은 아라비아 반도, 북쪽은 시내반도로 기독교 사상에 있어 널리 알려진 바다이다.

구약성서 출애굽기 14장 21·22장에 보면 "모세가 바다 위로 손을 내밀며 여호와께서 큰 동풍이 밤새도록 바닷물을 물러가게 하시니 물이 갈라져 바다가 마른 땅이 된지라, 이스라엘 자손이 바다 가운데를 육지로 걸어가고 물은 그들의 좌우에 벽이 되리니"라 씌어있다.

이렇게 하나님은 애급의 손에서 이스라엘 민족을 구원하시고 다시 바닷물을 채우고 쫓아오는 애급 군사들을 다 멸망시킨 것이다. 삶과 죽음, 승리와 패배, 극과 극을 이루던 불가사의의 바다. 지금 자연의 신비와 모세의 기적의 바다를 연상하면 홍해 바닷물이 가슴으로 밀려온다.

그 옆, 흰빛 위에 검은 빛이 얹혀있는 희귀한 돌은 사해死海 출신이다. 가만히 바라보기만 해도 짠물이 입과 눈으로 들어오는 것 같아 지그시 눈을 감아본다. 해안을 따라 하얀 소금 모래밭을 거닐며 바라보면 저 멀리 소금의 결정이 목화송이처럼 떠 돌고 바위 같은 소금덩이가 장관을 이루고 있었다.

요단의 깊은 계곡지대 남단에 위치한 사해는 남북 78킬로미터, 동서 16킬로미터로 수면이 지중해 면보다 380미터가 낮은 세계 최저지대여서 몹시 더웠다. 소금 바다라 하여 염해鹽海라는 이름을 가진 이곳은 보통 해수의 8배의 염분을 함유하고 있노라고.

우리는 수영복으로 갈아입고 물 속에 들어갔다. 물은 뿌옇고 비눗물처럼 미끈거렸다. 바람이 몹시 불어 눌러 쓴 모자가 자꾸 날아갔다. 해수를 침대 삼아 드러누워 하늘을 바라보니 얼마나 상쾌한지. 이곳은 다른 곳보다 산소가 10% 정도 많기 때문이었다. 그래서 이곳 주변에는 피부병에 특효인 온천들도 많아 요양하는 사람들이 모여든다고.

그러나 사해의 물 속에는 염분만 많이 있는 게 아니라고.

각종 광물질이 무궁무진하게 함유되어 있어 오늘날은 값진 보물이 숨겨져 있는 '보물창고'로 각광 받고 있기도 했다.

그런데 무엇보다 사해의 큰 약점은 아무 생물도 살지 않는 죽음의 바다라는데 있었다. 요단강 등 동방에서 들어오는 물의 양은 막대함에도 불구하고 하수구가 없기 때문에 물이 그대로 고여 있다는 것이다. 그런데도 조금도 변치 않는 수면을 유지하고 있는 것은 이상한 증발량에 의해서라고.

물은 흐르는 상태의 민물이 아니면 물고기가 살지 않는다. 『탈무드』에서 사람도 사해처럼 저장만 해놓지 말라고 일침을 가하고 있지 않는가. 손에 들어온 재물을 거머쥐고 베풀지 않는 인색한 사람을 사해에 비유하고 가진 자들에게 나눠 갖는다는 중요성을 강조하고 있다.

나는 이따금 이 돌멩이들을 통해 두 바다를 열고 이집트와 이스라엘의 자연과 함께 성지를 연상한다. 그때의 감동이 생각의 파도를 타고 깨달음으로 다가온다. 사람들이 거듭 생각할 수 있다는 것은 얼마나 큰 축복인가. 나에게 사유하는 힘을 불어넣어 주는 돌멩이.

누가 이 돌멩이들을 발길로 차랴.

(2005)

아름다운 시간 여행

– 고마운 당신에게

지난 여름은 참으로 견디기 힘든 무더위였습니다. 문우들과의 뉴질랜드 여행을 미련 없이 접어버린 나는 우리의 여행을 준비했지요. 칫솔, 비누, 수건, 양말, 담요 등을 챙겨들고 당신과 함께 승용차에 올랐습니다. 쾌적하게 시내를 달리면서 우리는 차창 밖을 내다봤어요. 고층빌딩이 즐비한 시가지 플라타너스 가로수 길을 바삐 오가는 행인들의 발걸음을.

우리는 한참 후에 목적지에 다다랐습니다. 강북 삼성병원 입원실 713호. 우리는 이 방에 여장을 풀었습니다. 벌써 이러한 여행이 몇 번째입니까. 수도 없이 되풀이되면서 흐르는 시간 속에 맡겨버린 생명이었지요. 세월이 쫓아왔을까요. 우리가 세월을 쫓아갔을까요. 생각해보면 긴 세월 육체의 병마와 싸우는 당신의 고통 속에서 나는 생명을 사랑하는 의지를 키워

온 것 같습니다.

15년 전 그 춥던 겨울, 관상동맥 파열로 당신이 가슴 통증에 몸부림치며 사경을 넘나들던 일이 생각나네요. 가족을 모으고 장례 준비를 하라는 주치의의 통보는 날벼락이었습니다. 산소 호흡기에 의지하고 죽은 듯이 누워있는 당신의 중환자실 문 앞에서 고개 숙여 간절히 기도만 드렸습니다. '오, 주님. 꺼져 가는 가난한 영혼을 구제하소서'라고.

살얼음 딛는 사흘 밤을 지낸 아침은 해가 바뀐 설날이었지요. 몽롱하던 당신 눈에서 얼핏 번뜩이는 삶의 빛을 발견한 나는 가슴이 마구 뛰었습니다. 당신은 설날 특별식인 약식 한 덩이를 먹지 않고 두었다가 나에게 내미는 것이 아니겠어요. 순간 가슴 뭉클하고 눈물이 핑 돌았습니다. 살아있음의 확신을 준 당신이 그렇게 고마울 수가 없더군요.

주치의도 놀랄 정도로 기적적으로 소생한 당신은 8일 만에 일반병실로 옮겨졌습니다. 개선장군처럼 당신의 휠체어를 밀고 복도를 지날 때 어디서 베토벤의 제9번 합창 교향곡이 울려오는 것 같았어요. 밝고 힘찬 환희의 송가, 그 음향이 근심과 염려로 멍이 든 내 가슴을 마구 흔들자 절망도 절창하면 희망으로 열린다는 것을 알았습니다.

그리고 1년이 넘는 병원생활에서 당신은 건강을 되찾았지만 최첨단 현대 의술로도 끊어진 척수신경을 살릴 수가 없었지요. 그러나 혼신의 힘으로 일어서기부터 시작한 재활치료를 받으면서 당신은 하늘이 주신 삶에 순응했습니다. 그 눈물겨운 재활운동은 퇴원해서도 계속되었지요.

부부란 서로가 연민과 사랑으로 감싸주는 사람들인가 봅니다. 때로는 미움으로라도 말입니다. 당신의 고통을 대신할 수 없어 안타까운 나는 그런 당신을 바라보며 마치 용광로에서 달군 쇳덩이처럼 내 마음을 다잡았습니다. 당신을 향한 뜨거운 마음 하나로 내 모든 것을 녹여 당신의 재생을 위해 헌신하겠다는 의지만을 키워왔습니다. 사랑의 본질은 자기를 버리는 것임을 알았기 때문이지요.

그러나 돌이켜보면 당신을 사랑하지만 내가 어디론지 떠나고 싶었던 시절이 있었습니다. 결혼과 자아는 공존하기 힘듦을 알았던 때입니다. 시간과 기회를 놓쳐 버린 것 같아 회의懷疑에 빠져 방황하던 불혹의 위기. 그때 당신은 내 갈등과 방황을 잠재우고 포근하게 감싸주었지요. 당신이 새로 마련해준 인사동 연구실은 내 어깨에 날개를 달아준 것과 같았습니다.

고맙습니다. 당신은 내가 서예와 수필 작업에 전념할 수 있도록 도와주어 오늘의 나를 있게 해주었지요. 수필집을 낼 때마다, 서예전을 열 때마다 당신의 도움은 절대적이었으니까요. 특히 지난 고희 전시회 때 출품작품을 분실하고 실의에 빠진 나를 위로하며 먹을 갈아주고 격려해주던 따스한 배려는 결코 잊을 수 없습니다.

그리고 전시회 날 나란히 서서 개장 테이프를 끊어주던 당신이 얼마나 고맙고 믿음직스러웠는지 모릅니다.

오늘 치료를 끝내고 한 달 만에 집에 돌아오는 당신을 맞이하기 위해 집안 대청소를 했습니다. 그리고 마당으로 내려가 잔디밭의 잡초도 뽑았습니다. 선선한 가을바람 한 가닥 내 머리를 식혀 주네요. 담가에 까만 열매를 매달은 머루나무 잎새들이 벌써 누렇게 변하고 그 위로 고추잠자리가 날아듭니다.

계절따라 변하는 뜰의 모습에서 생명의 본질을 생각해 봅니다. 변화를 통해서만 살아있음을 깨닫게 해주는 초목들에서 아름다운 마무리의 미덕을 발견하게 되는군요. 나도 어쩔 수 없이 무릎관절 통증과 잇몸 질환으로 허물어지고 있는 자신을 봅니다. 기쁨·아픔·미움·욕망까지도 발효되어 시어 버린 술잔처럼 마음이 시나브로 아려오네요. 그러나 내 곁에 당신이 있음으로 용기를 내어 지혜롭게 살렵니다.

벌써 추석이네요. 그 다음날은 당신의 78회 생일이지요. 언제나처럼 당신 방에 가을빛 가득한 국화꽃을 꽂으렵니다. 사랑하는 딸 아들과 손자 손녀들 앞에서 함박웃음을 터뜨릴 당신은 바로 인간 승리의 표본입니다. 참고 살아온 행복 속에 한없는 고마움을 느낍니다. 행복과 감사는 손을 맞잡고 있군요.

아픔이 있기에 아름다운 우리의 시간들. 그 시간들을 늘 흐르는 강물처럼 여행하듯 살아가고 싶습니다.

(2005)

내 안의 파랑새

– 비상飛翔

지저귀는 새소리에 잠을 깬 아침, 창문을 여니 푸드득 새들이 날아갔다. 그 날갯짓을 보는 아침은 어찌 그리 기분이 좋은지. 내 안의 파랑새도 날개를 펴 노래하고 있기 때문이다.

새야 새야 파랑새야 녹두밭에 앉지 마라
녹두꽃이 떨어지면 청포장수 울고 간다.

자장가처럼 불러주시던 어머니의 곡조 없는 노래. 어딘지 모르게 구슬픈 가락이었지만, 어머니 등에 업혀 칭얼대던 그 때부터 내 가슴에 둥지를 튼 파랑새는 날개를 파닥거렸는지 모른다. 아득히 먼 기억의 곳간 속에 갈무리된 어린 날의 장면들이 먼지를 털고 눈앞에 펼쳐진다.

남들에게는 보이지 않는 나만의 새. 자라면서 비상하려는 내 꿈 한 가닥 쳐들고 항상 목마른 열망으로 울어대던 파랑새.

우리나라에 흔하지 않은 파랑새는 산림이 울창한 사찰 주변에 산다고 하여 '승려새'라고 불리지만 논밭이나 공원에서도 산다. 언젠가 이 새가 동남아시아의 철새로 북상하여 상암동 월드컵공원에 둥지를 틀었다고 들었는데 아쉽게도 가보지를 못했다. 다만 사진으로 본 파랑새는 몸 전체가 파랗고 입주둥이와 발가락은 주홍빛으로 눈부시게 아름다웠다.

그 파랑 날개를 펴고 하늘을 나는 모습은 상상만 해도 가슴이 설렌다. 파랑색은 희망과 평화, 신뢰의 이미지로 하늘, 바다, 희망, 평화 등을 연상시켜 준다. 진리와 총명함을 상징, 새로운 도전과 자유를 의미하는 파랑은 희망찬 미래를 지향하는 꿈나무들에게 비전의 색이 아닌가.

그렇게도 선생이 되고 싶었던 초등학교 시절, 내 안의 파랑새는 공주사범학교를 향해 고개를 쳐들고 있었다.

"저 어린 것이 어미 곁을 떠나다니…." 한사코 말리시는 어머니와 형제들을 뒤로 하고 홀로 유학길에 오른 13살. 보다 멀리 보다 높이 날아야 새로운 세계를 볼 수 있다고 생각했기 때문이다.

전주에서 공주까지 아버지 따라 기차에 흔들리며 도착한 낯선 땅. 육중한 학교 건물에는 피아노 교실과 독서실이 따로 있었다. 3동이나 되는 기숙사 2층 건물에는 대형식당과 14인실 방들이 즐비했다. 뒤꼍에는 학생들이 가꾸는 농장이 있어 모두 새로운 세계였다.

그런데 이 학교생활은 한 학기로 끝이 나고 말았다. 2차 대전 막바지에서 일본은 패망하고 우리는 광복을 맞았기 때문이다. 곧바로 귀향한 나는 일반 중학교로 전학했다. 그리고 또 고등학교를 마칠 무렵에 불어 닥친 한국전쟁. 이러한 시대적인 불우한 환경 때문에 내 안의 파랑새는 제대로 날지를 못했던 것이다.

그때 피난지에서 독서로 소일하며 미국 유학의 꿈을 키웠었는데 전시의 혼란기에, 더구나 혼기에 처한 딸의 유학길을 완강히 반대한 것은 아버지였다. 그래서 순순히 학업을 마치고 평범한 결혼생활로 들어가게 된 것이다.

그러나 이곳이 내가 날 수 있는 하늘이었고 차례로 태어난 3남매가 내 파랑새임을 깨달았다. 아이들이 꿈을 향해 뻗어갈 수 있도록 밀어주는 바람이 되어 날개를 펴게 했던 나날들. 내일을 향해 새로운 의욕으로 불어대던 바람은 마침내 가슴 깊숙이에서 기도 같은 사랑이 되어 시간을 밀고 갔다.

세월은 흘러 제각기 꿈을 이룬 아이들은 성인이 되어 가정을 꾸렸다. 그리고 손자 손녀가 다섯 명. 그 앙증스런 파랑새들이 날갯죽지를 파닥거리면 나는 또 바람이 되어 불어주어야 했다. 바람은 사랑이고 사랑은 내리사랑인가. 손자 손녀들에게는 아들딸을 키울 때보다 더 뜨거운 바람이 이는 것을 어찌

하라.

정보화시대의 꿈나무들. 거짓말처럼 쑥쑥 자란 아이들이 벌써 10대로 접어들어 내 앞에 병풍처럼 둘러 서 있는 게 아닌가. 한문과 붓글씨를 가르쳐주면 곧잘 따라 배우는 모습이 얼마나 의젓한지 모른다.

5년 전, 염리초등학교 가을운동회 날. 분홍치마 노란 저고리에 족두리 쓰고 부채춤 추는 13살 외손녀 현신이는 마치 선녀처럼 고왔다. 벌써 삼국지를 다 읽은 10살 외손자 광용이는 장애물경기에서 넘어져도 오뚝이처럼 일어나 달리는 모습이 얼마나 씩씩한지. 푸른 하늘은 이 아이들을 축복해주고 있었다.

2년 전, 막내아들이 안식년을 맞아 영국 버밍엄으로 갔을 때, 따라가서 각각 세인트브리지 초등학교와 유치원에서 공부하던 12살 광현이와 4살 동현이. 새로운 세계에 눈떴음인가. 혼자 남아서 더 배우겠다는 의지로 광현이는 토마스아퀴나스 중학교 과정을 마치고 돌아왔다.

오늘은 큰아들의 딸 12살 승연이가 영국 가스토어 초등학교에 유학을 떠나는 날이다. '어떻게 저 어린 것이….' 옛날 어머니 같은 측은한 마음이 고개를 들었지만 금세 마음을 다잡았다.

> "손녀야, 세상 두려워 말아라. 아무것도 두려워하지 말고 네 날개를 마음껏 펼치거라. 두려워할 것은 두려움 그 자체뿐이다."

언젠가 감명 깊게 읽었던 앨런 멕팔레인 교수의 손녀딸에게 준 편지글이 떠올랐기 때문이다. 그렇지. 세계는 너희들의 연습장인 것을.

수속을 마친 며느리와 함께 손녀의 손을 잡고 2층으로 올라가 일식집에서 우동 한 그릇을 먹고 작별을 고했다. 시간이 되자 손녀는 제 어미 품에 이어 내 품에 안기더니 웃으며 안녕하고 돌아섰다. 매사에 적극적이고 명랑한 성격인 손녀. 그 모습은 바로 옛날의 내가 아닌가.

눈앞에 옛 고향역이 아른거리자 플랫폼에서 손을 흔들던 어머니 모습과 함께 어디서 곡조 없는 노래도 들려왔다. '새야 새야 파랑새야….'

인간에게 있는 꿈이라는 날개, 사람의 한평생은 이상과 의지의 날개로 훨훨 비상하는 것이거늘. 살아오면서 사람들이 생각 속에 지니고 있는 것은 무엇이든 각자의 생활 속에 반영된다는 것을 알았다. 우리는 모두 자유라는 것도.

세상 문을 열던 그 옛날, 파닥거리던 내 안의 파랑새는 불사조인가. 지금 영국으로 손녀를 훨훨 날려 보낸 빈 가슴에 또 한 마리의 파랑새가 날개를 펴고 있지 않는가. 내 남은 꿈을 향하여.

(2005)

■ 연보

아호 : 珍砂, 珍岸, 예온

1932. 5. 27	全北 全州市 完山七峯 君子亭에서 부친 高京善 모친 宋麗石의 6남 3녀 중 장녀로 출생.
1939.	全州 完山 초등학교 입학.
1945.	공주사범학교 입학. 8·15 광복 후. 전주여자 중학교 편입. 문예지 『녹성』에 수필 「내고향」, 「아름다운 내 방을 꾸미고 싶다」등 발표. 오빠 高廷基(전 여원사 주간)에게 문장법 수련.
1950.	6·25 발발. 1·4 수퇴 시 제주도로 피난. 3개월 후 복교하여 전주여자 중학교(6년제)졸업.
1951.	전시연합대학 입학. 이듬해 서울 환도로 전북대학교 문리대 국문과 편입(부친이 전북대학교 설립자임)
1952.	가람 李秉岐 교수 지도 아래 고전문학 연구. 가람 동인(가람 선생을 모시고 신석정, 김해강, 백양촌, 구름재, 최승범 시인 외 8명)으로 작품활동. 동인지 『새벽』에 시 「동백」, 「코스모스」, 「백합」등 발표, 『국어국문학회』지에 수필 「눈길을 걸으며」, 「차창유감」등 발표.
1954.	『역대여류문학연구』로 학사 학위 받고 상경. 서울대학교 문리대 국문과에서 1년 간 청강.

1995.	이화여자대학교 대학원 국문과 입학.
1956.	대학원 학술지 『알파파이 알파』에 (장기전 연구)수록. (흥부전 연구)발표.
1957.	한구영과 결혼.
1958.	석사논문 『고대소설에 나타난 사회성 고찰』로 상기 대학원 졸업.
1959.	장녀 혜경 출생.
1962.	장남 상욱 출생.
1964.	차남 상진 출생.
1967.	『女像』지에 「육아일기」로 장원. 『女苑』에 「요람」으로 우수상 받고 계속 여성지에 수필을 발표.
1973.	수필문학진흥회 감사 선임.
1976 ~ 1997.	이화여자대학교 국문과 출강
1976.	『월간문학』에 「난초 가꾸는 마음」 『현대문학』에 「박꽃」을 발표 문단에 나옴.
1976.	신문학개론(공저) 출간(세음사)
1977 ~ 1981.	이화어문학회 회장선임.
1980.	1수필집 『이 작은 불빛으로 내 生의 아침을』출간(학예사)
1981 ~ 1984.	アジア공론(한국국제문화협회발행) 「어떤 흑인」, 「질그릇」, 「예서이야기」, 「어머니의 나라사랑」등 일어 번역 수록.
1981 ~ 1998.	『양덕 연묵회』 (인사동 동일빌딩 605호)서예, 수필연구실 운영.

1982 ~ 2007.	미술협회회원, 서예대전 입선13, 특선1.
1982.	수필문우회(김태길 회장)운영위원. 감사선임.
1983.	「전 일본 미술 산문사」상 수상 『일본서전』 해외이사로 선임.
1984.	외손녀 진현신 출생.
1985	『이화 문학상』, 수필부문 심사.
1985.	2수필집 『낮은 목소리로 오소』출간(문지사)
1985 ~ 2007.	한국문인협회, 펜문학 회원.
1986 ~ 2007.	『이화 동창문인회』창립 회원, 이사선임.
1987.	외손자 진광용 출생.
1988.	3수필집 『이 작은 행복』출간(백문사)
1990 ~ 2007.	『한국여성 문학인회』 회원 이사 선임.
1990.	현대한국수상록(33), 금성출판사간 「하얀저고리, 창」등 수록.
1991 ~ 2007.	「우리문학기림회」 (작고문인 비석 건립)회원. 비문쓰기 담당 11기 씀.
1991.	9회 현대수필문학상 수상(수필문학진흥회)
1991 ~ 2006.	「기독교수필문학회」부회장 역임. 신앙수필연간집 출간(교음사)
1992 .	「기독교 방송」, 「불빛」외 20편 수필 낭독.
1992.	손자 광현 출생.
1992.	4수필집 『사랑 그 찬란한 생명의 무늬』 출간(문지사) 회갑기념 겸 출판기념회(신문회관)
1993.	한국문학작품선(한국문학진흥원간) 「불빛」수록.

1994.	서울 정도 600년 기념문집『내 작품속의 서울』(문인협회), 「인사동 축제」수록.
1994.	손녀 승연 출생.
1995.	5수필집『가슴으로 깊어지는 강』출간(신아출판사) 출판기념 겸 서예전람회개최(전주민촌화랑)
1996.	6회 한국수필문학대상 수상(수필문학사)
1997	한국문학작품선(한국문학예술진흥원간), 「겨울편지」수록.
1997 ~ 2002.	구리 LG백화점 수필반 강사. 동인지 4권 출간지도.
1998 ~ 2004.	협성대학교 문예창작과 출강.
1999.	1수필선집『하얀 저고리』출간(교음사)
1999.	『월간문학』 신인상 수필부문 심사.
1999.	올해를 대표하는 문제수필『한국비평문학회』「이삭줍기」수록, 「낙관이야기」(2001), 「돌멩이」(2005), 「해빙기」(2007)수록. (한국 문화사)
2000.	손자 동현 출생.
2001.	6수필집『약속』출간(세손)
2001 ~ 2002.	국민일보『여의도 에세이』연재
2002.	2수필선집『아 섬이 보인다』(신아출판사) 고희기념 출판기념 겸 서예전람회개최(공평아트센타)
2003 ~ 2004.	부천 LG백화점 수필반 강사.
2003 ~ 2005.	추천작품 심사위원(수필과비평)

2004.	5회 새 한국문학상 수상(한국문인)
2004.	정지용 문학상 중·고등부 수필부문 심사.
2005.	창작수필문인회 수필 심사.
2006	서울문학인대회기념문집 『서울을 품은 사람들』 (문학의 집, 서울간) 「지금 인사동은」수록.
2006.	7수필집 『내 안의 파랑새』출간(세손)
2007.	계간수필(회장 허세욱)주최 수필아카데미 강좌. 「노천명의 수필과 인간」, 발표(출판회관)
2007.	3수필선집 『가오리연鳶』 현대수필가 100인선 (좋은수필사)

현대수필가 100인선 · 10
고임순 수필선
가오리연鳶

초판인쇄 | 2007년 10월 20일
초판발행 | 2007년 10월 25일

지은이 | 고 임 순
펴낸이 | 서 정 환
펴낸곳 | 좋은수필사

주 소 | 서울시 종로구 익선동 30-6
운현신화타워 빌딩 3층 305호
전 화 | 02)3675-5635, 063)275-4000
등 록 | 1984년 8월 17일 제28호
홈페이지 | http://www.shin-a. co. kr
e-mail | essay321@hanmail.net

값 7,000원

ISBN 978-89-5925-257-2 04810
ISBN 978-89-5925-247-3 (전 100권)